旅人

ある物理学者の回想

湯川秀樹

角川文庫 16666

旅人

——ある物理学者の回想——

はじめに

昨年（昭和三十二年）の一月、私は満五十歳の誕生日を迎えた。つまりその日までに、私はちょうど半世紀を生きて来たことになる。

私の歩いて来た道は、普通の意味では別にけわしくはなかった。学者の家に生れ、後には、それぞれ違った方面の学者となった兄弟たちと、一しょに育ってゆく過程において、また自由主義的な色彩の濃《こ》い学校生活において、世俗的な苦労は少なかった。環境的には、むしろ恵まれていたといった方がいいかもしれない。

しかし、「学問の道では」と聞かれると、簡単には答えられない。好運だったとも思えるが、人一倍、苦労したことも否定出来ない。何しろ原子物理学といえば、二十世紀に入ってから急速に進歩した学問である。その上《あ》げ潮《しお》の中で、自分の好きなことを自分の好きな流儀で、やって来ただけだともいえよう。ただ、私は学者として生きている限り、見知らぬ土地の遍歴者であり、荒野の開拓者でありたいという希望は、昔も今も持っている。

一度開拓された土地が、しばらくは豊かな収穫をもたらすにしても、やがてまた見《み》棄《す》てられてしまうこともないではない。今日の真理が、明日否定されるかも知れない。それだからこそ、私どもは、明日進むべき道をさがし出すために、時々、昨日まで歩いてきたあとを、ふり返って見ることも必要なのである。

上に述べた二つの道はしかし、実は重なっている。私が学究者として成長して来た道は、同時に、人間として歩いて来た道でもある。

二十年近くの間、私は随筆の形で、簡略にではあるが、自分の過去について何度か語った。そしてまた、私以外の多くの人の手によっても、私のことがいろいろと書かれて来た。私の評伝といったものも、五指に余る。世間は私という人間について、一応のイメージを作りあげてしまった。そのイメージが、どこまで正しいか。一つの判定資料を提供したいと思うのである。

ある人が、鏡に向って自分の顔を見る。それは他人が見たその人の顔でもある。ところが、自分が他人の目に見えない自分の本質について語る時、聞き手は意外な顔をするかもしれない。主観と客観の一致は、この場合むつかしいのである。ことに私は生れつき、自己を表現することに困難を感じる人間である。それにまた自意識過剰《かじょう》の人間でもある。自分を客観的に見ようと努《つと》めながら、自分でそれを裏切ることになるかもしれない。

とにかく、何が生れて来るか、私にもはっきりとは分らない。五十歳を迎えるころに、そこはかとなく芽生えた希望を、たまたま朝日新聞が満たしてくれることになった。以来一か年、私は余暇をさいて、準備をつづけた。そうこうする中《うち》に、五十一歳の誕生日も過ぎた。

私は私の近親の人たちに迷惑を及ぼさない限り、彼らのことも一しょに書くつもりである。学校の先生や友だちも登場するであろう。この回想の大部分は湯川秀樹《ゆかわひでき》自伝というよりは、小川秀樹《おがわひでき》とその周辺ということになるだろう。「小川」は、私の生家の姓である。

さて、小川秀樹は明治四十年（一九〇七年）当時の東京市麻布《あざぶ》区市兵衛町《いちべえちょう》に生れた。歳《とし》ごとに紅梅《こうばい》の美しくにおう家であった。

知恵の故郷

私の生れを京都《きょうと》だと思っている人が、今でも少なくないようである。なるほど、私は五十年に余る歳月のうち、大部分を京都ですごして来た。学校は小学校から大学まで京都。大学を出て、一時、大阪《おおさか》や阪神《はんしん》間にいたことはあるが、やがてまた京都に帰って来た。先年、アメリカからもどった時も、列車が東山《ひがしやま》のトンネルを抜けた時に漸《ようや》く、

——ああ、帰って来た。

と、思ったものだ。

しかし、生れたのは疑いもなく、東京である。麻布区市兵衛町二番地。この高台にあった家を、私は少しも記憶していない。そこに咲いた梅《うめ》の花の美しさも、母から聞かされて、知っているだけである。しかし、私はいつしか、この梅の花をこよなく美しかったものと、思いこんでしまった。そしてそれは、自分の出生を自ら飾ろうとする無意識の働きでもあったろう。

私は麻布の家に、誕生後一年と二か月しか住んではいない。当時、地質調査所の所員であった父、小川琢治《たくじ》が、京都帝大の教授となって、一家をひきつれて赴任《ふにん》してしまったからである。京大の文学部——当時の文科大学に初めて、地理学の講座が設けられた時のことである。

麻布の家の辺《あた》りは、戦災に遭《あ》って、今ではすっかり相貌《そうぼう》を変えてしまった。もとは、余り広くない坂道を登って行ったところ。その一画に、団琢磨《だんたくま》氏の家があった。柳兼子《やなぎかねこ》さんの家も、大きくて立派な家だったそうだ。

私は幼いころ、母にせがんで、生家の模様を聞きたがった。

母は、

「その家は、まだ大きな家ではありませんでした」

という。

「でも、日当りのいい、住みよいお家《うち》でした。あなたの生れたのは大変に寒い日で……」

寒かったのは当然である。一月の二十三日である。梅のつぼみも、まだ固かったであろう。

長兄芳樹《よしき》が数え年で六つ、次兄茂樹《しげき》が四つだった。兄たちにも、この家の記憶は薄い。長兄の更《さら》に上に、香代子《かよこ》と妙子《たえこ》の二人の姉があった。この姉たちは、今でもその家を記憶しているという。が、五十年前の記憶などというものは、そんなに確かなものではないだろう。

京都へ引越し荷物を送り出してから、一家は新橋《しんばし》駅前の旅館に泊ったそうだ。

「夜、汽車の線路が遠くまで光っているんだ。その青い色を、いまでも覚えている」

と、兄茂樹は言うが、出発は三月末、まだいくらかはだ寒い夜であった。

明治四十一年といえば、日露《にちろ》戦後いくらも経《た》たない時だ。日本人の気持はたかぶっていたであろう。が、新橋駅付近は、今から思えば想像も出来ないほど暗かったのではないか。古く、天井《てんじょう》も低い旅館のランプのもとで、家族たちはそれぞれの胸に、新しい出発への期待や不安を抱いたことであろう。——いや、あるいはもう暗いタングステンの電灯くらいはあったかも知れぬ。

しかし、私の記憶は京都に移った後から始まる。やはり、京都が私の故郷ということになるのかもしれない。

私の記憶の中で一番古いと思われるものは、母の背におぶさっている自分の姿である。

たしか、京都駅のプラットホームから、駅の本屋《ほんおく》を結ぶブリッジ。その階段を、母は私を背負って歩いていた。私は眠たくて、うつらうつらしていた。初めて京都についた時にしては、少し記憶がはっきりとしすぎている。ブリッジの汚れた天井と、すすけたガラス窓も見えるが、多分、もっと後のことになるだろう。汽笛《きてき》の音や、機関車の蒸気《じょうき》を吹く音も、鳴っているかのようだ。

もう一つ、同じような記憶。それは家の縁側でだれかの背におぶさっている場面だ。家族が多いので、女中が何人もいたそうだから、女中の背中だったかもしれない。私の耳にきこえて来るのは、ねむたい子守唄《こもりうた》であった。私は、うつらうつらとしていた。庭には一面にこけが生えている。その上に薄い陽が射していた。庭の向うに、白壁の土蔵が明るい。どうも、これはもう少し後に出てくる染殿町《そめどのちょう》の家らしい。

京都に着いた一家に、まだ入るべき家がなかった。御所に近い柳風呂町《やなぎふろちょう》の円覚寺《えんがくじ》、その一部を借りる予定だったが、寺の方の準備が整《ととの》っていなかったらしい。

一家は、三条麩屋町上ル《さんじょうふやちょうあが》西側の、沢文《さわぶん》旅館に一応旅装を解いた。

旅館では、広い一部屋を開放してくれたそうだ。が、なんと言っても手ぜまな旅館ぐらしである。母の気苦労は、大変だったらしい。

父は、新しい仕事の準備もしなければならない。机に向っている父の傍では、学齢前の男の子が二人、遊びまわる。兄弟げんかもしただろう。赤ん坊の私が時々、泣きわめいていたに違いない。

落ちつかない宿屋ぐらしの中で、思いがけない災難が降ってわいた。一夜、父琢治が、高熱に襲われたのである。

「腕が痛い」

と、最初、父はいった。

長い旅で、重い荷物を手にさげたりしたから、疲れたのではないかと母は思った。が、父の顔はたちまち熱を帯びてあからみ、

「痛みが普通ではない」

と言った。

右腕が、肩から手首まで、痛みを訴える。いくらかはれて来ているようだ。早速《さっそく》、京大病院に連絡すると、駆《か》けつけた医師が蜂窩《ほうか》織炎《しきえん》と診断した。

父は翌日、入院した。

こちらが新任の教授であり、病院が大学の付属だったことが幸いした。全身麻酔《ますい》をかけて手術。手当におちどはなかった。

一家はその間に、円覚寺に移った。病院の夫《おっと》と、大勢の子供たちをかかえて、母の

心配はひと通りではなかったろう。父も母も紀州《きしゅう》の出だったが、京都には一軒の親戚《しんせき》もなかった。

父の体は、二か月ほどで回復したが、右ひじから手首にかけて、一生、傷あとを残した。

柳風呂町といえば、今でも静かな横丁だが、そのころは一層さびしい、町はずれであった。何しろ京都の人口が、三十万を漸《ようや》く越えたという時代のことだ。京大が創設されて、まだ十二年しか経《た》っていない。

この寺には、一年ぐらい住んでいたのだろうか。

私たちの家はその後、たびたび変った。家主の方の都合によることも、あったかもしれないが、大抵はこちらに理由があったのである。

そのころは父方の祖母と、母方の祖父母が同居していた。父が養子だったせいである。私のあとには、弟の環樹《たまき》、滋樹《ますき》が生れる。大家族である。その上に、父の蔵書が急速にふえてゆく。

大体、父は地質、地理の専門家であったが、趣味が非常に広く、多かった。専門外の雑書をいくらでも買い集める。書画も好きだ。

そして、何かある問題に熱中すると、それに関するあらゆる文献を集めないと気がすまない。たとえば、碁《ご》を打つようになると、囲碁に関する書物を手当り次第に買いあさる。書籍はたちまち書架にあふれ、書斎に満ち満ちてしまう。土蔵の中も、もちろんいっぱいだ。すると、

「また、ひっこしだな。どこかに大きな家はないか」

と、憮然《ぶぜん》として母に訴える。

そのころの大学教授というものは、今日より遥《はる》かに恵まれていたらしい。

父は毎日、自宅と学校の間を人力車で往復した。まだ、車にゴム輪のつかない時分で、走り去る車がからからと高く鳴りひびくのを、私はかすかに記憶している。

だが、このように大家族を抱《かか》え、次々と書籍や書画を買いこんでいたので、家計は必ずしも豊かではなかったようだ。男の子の全部を大学にやることは、父もためらったことがあるらしい。もし、母の強いすすめがなかったら、私も大学教育は受けずにしまうようなことに、なっていたかもしれない。すると今日の私は、存在しなかったことになっただろうか。

私は運命論者ではないが、このことを考えると不思議な思いに誘われる。人間はどんなきっかけから、どんな変り方をするか分らない。二十何年か後、私の頭にひらめ

いた着想が、物理学の進路をいくらかでも開いたとすれば、それはまた物理学の運命にも、多少のかかわりを持つことになる。

私たち一家は、寺町広小路《てらまちひろこうじ》上ル染殿町という所に移った。梨木《なしのき》神社の北である。お公家《くげ》さんの住んでいた大きな家で、この家の庭にも、厚いこけがいっぱいに生えていた。家主のお公家さんは、六条さんという人だった。私は見たこともないが、姉の話によると、顔の角張った、子供の目には怖《おそ》ろしい人であったそうだ。

「つんぼ六条さん」とみんなが呼んでいた。

「つんぼ六条さん」という名は、どこから来たのだろう。

葵祭《あおいまつり》で勅使《ちょくし》が参向する時、堂々たる衣装《いしょう》をつけて、馬上ゆたかに姿勢を正したこの人の姿を、姉はいまでもはっきり思い出すことが出来るという。

私は、この人がつんぼなのだと思っていた。が、最近、姉から聞いたところによると、別に肉体的に故障のある人ではなかったようだ。人と話をしていて、自分に都合《つごう》の悪いことが出て来ると、急にきこえない振りをしてしまう。だから近所の人は、一種皮肉な呼び名として「つんぼ六条さん」の名を呈したものらしい。

当時の京都には、お公家《くげ》さんが多かった。格式は高く、ふところ具合はそれに伴わず、彼らの中には偏屈な人も、かなり多かったのではないか。「つんぼ六条さん」などは、むしろユーモラスな存在だったかもしれない。

私たちの移り住んだ六条さんの持ち家は、寺町通りに面していた。門の左、土塀《どべい》にさしかけるように床《ゆか》の高い部屋があり、れんじの物見窓《ものみまど》が開いていた。植込みの多い庭を通り、奥深く暗い玄関を入ると、古めかしく広い部屋がならんでいた。二階もあって、これは祖父母たちの部屋になった。

私は兄茂樹と一しょに、物見窓から通りをながめて遊んだ。

寺町通りはいまでもせまい通りだが、その道の一方によせて、小さな市内電車がせまいレールの上を走っていた。京都で、いや日本で、最も古い狭軌《きょうき》路線の一つである。現在では、一筋東寄りの河原町通《かわらまちどお》りを市電が走り、寺町通りはレールの跡形もないが、そのころの河原町通りは、今の寺町よりも、もっと道幅がせまかった。

その電車通りの向う側は清浄華院《しょうじょうけいん》で、斜《なな》めに山門と向い合っていた。浄土宗《じょうどしゅう》の本山だが、そのころの私たちは、何故《なぜ》かこの寺を「ジョウケン寺」と呼んだ。兄たちはよくこの寺の境内《けいだい》を遊び場とした。

山門を入ると、左手に本堂があった。見上げる屋根の正面に、菊の紋がついていた。本堂から事務所や庫裡《くり》につづく高い渡り廊下をくぐると、広い墓地があった。兄たちは、ここでかくれんぼをした。おにごっこもした。私も兄たちの後について遊んでいたらしい。しかし、このころのことは、ほとんど何も覚えていない。いや、一つだけ覚えている。——

長兄芳樹は、そのころから年よりは老成した性格であった。次兄茂樹は一見おおように見えたが、何かにつけて自信が強かったらしい。三番目の子供だった私は、すでに兄たちの圧迫を、おぼろ気ながら感じはじめていたらしい。

「ジョウケン寺」の墓地を駈《か》け抜けながら、足をすべらせて倒れ、墓石にひどく頭をぶっつけたことがある。一瞬、目がくらむようであった。

「あッ！」

と言って思わず泣き出した。が、兄たちはすでに遠く走り去ってしまった。私は仰向《あおむ》けに倒れたまま、桜の葉の間から落ちる陽の光に、不意に目を奪われて声をのんだ。木洩日《こもれび》が、こまかく分れて、無数の星のように見えたのである。真昼の星。

私が後年、中間子の着想を得た時、不思議にこの時の木洩日をはるかに思い出した。

父琢治《たくじ》は、若いころには、地質調査のために全国を歩きまわったし、明治三十三年、パリで開かれた万国地質学会議には、三十歳で日本の代表として参加している。

私が知ってからも、仕事には非常に熱心であった。が、そういう学者というものは、とかく子供たちに対して、ある場合には無とんちゃくでありすぎ、ある場合には厳格でありすぎ、子供の目から見れば、やさしさに欠けることもないとは言えないようだ。後年、私が湯川家の人となってからのち、この父のもとに帰ると、応接室のテーブルをはさんで何時間も談笑したものだ。それぞれの専門について、あるいは当時の社会情勢について。——が、その時になって、父にもこんな一面があったのだと漸《よう》く気づくほど、私の小さい時の父は、子供との接触が少なく、むつかしい人に思われた。

「子供をあまやかしてはいかん」

父は、母に向ってよくそう言った。

「そんなことをおっしゃっても、まだ小さいんですから……」

父はしかし、子供が子供らしいということを、美徳とは認めなかったようだ。

私は、父に抱かれた記憶がない。世間の多くの子がするように、父親のひざに乗って甘えたり、肩先をゆすって物をねだったりしたこともない。父は、子供もまた一個の人格として認めようとしたのかもしれない。それは子供らしさの代りに、大人の意識を子供に要求することであった。

私が京都一中に入った時、校長の森外三郎先生は、入学式の式辞で、

「今日から諸君《しょくん》を、紳士《しんし》として扱う」

と、言われた。

数え年十三、四歳の少年を、紳士として扱う森先生の態度と、子供の子供らしさを嫌う父の気持との間には、大きな違いはあったが、しかし共通点もないではなかった。

私ばかりではない。おそらく兄も弟も、みんな父に抱かれたことはないだろう。父の方針は絶対的であり、それを実践《じっせん》するのが母の役目であった。母は老人と子供との世話に、一生をささげた人だ。月に一度ぐらい、買い物に出ることはあっても、用事がすめばすぐもどって来た。本はよく読んだが、読書もまた子供のためであったように思われる。

今日から見れば、大変な昔気質《むかしかたぎ》である。が、母が一応は当然のこととして家事に没頭していたことに、間違いはない。一見、子供を育てることだけが母の楽しみであるように思われた。母は昭和十八年に死んだが、死ぬまで映画というものを見なかった。遊ぶという観念が、母の中には存在しなかったように見えた。私は子供心に、いつも母を気の毒だと思っていた。母が本当に満足していたのかどうか——私は今でも疑問に思っている。

母は多忙であった。私は二人の祖母になついた。

父方の祖母は浅井民枝といったが、さっぱりした気性の人で、そのころ八十歳前後であったろう。この人に手をひかれて、私は京都の寺々をめぐった。清水寺《きよみずでら》の舞台から見た京都の町。東福寺の通天の紅葉《もみじ》。あるいは知恩院《ちおんいん》の大きな屋根といらか。祖母に連れられて見た京都の自然や建物は、私の頭のどこかに今でも強い印象を残しているかもしれない。

父も母も、わき目もふらず歩いて来た人だ。その血をうけて、私も学問の道を、いちずに歩くことになったのであろうか——といっても、私が子供の時から科学の愛好者であったのではない。

小学校の成績は良かったが、中学校、高等学校では、大した秀才ではなかった。今でも長兄芳樹などは、

「秀ちゃんは、物わかりの早い方ではなかった。頑固《がんこ》で困った」

と、笑い話に言うことがあるらしい。

けれども物事に熱中する性質は、小さい時から強かったようだ。積み木を与えられると、一人でいつまでも遊んでいた。植込みや灯籠《とうろう》のある庭に面して、日当りのいい縁側があった。その縁側で、何十という木片を積んだり重ねた。

家が生れた。門が作られた。

それが、ひとの目にはどう映《うつ》ったか。父方の祖母は、小ざらにおやつを入れて縁側に現れると、

「おや、まだ積み木をしているの？　熱心な子だねえ」

と、やさしい言葉をかけてくれる。

私の作る塔は、私の見る限りでは八坂《やさか》の塔ほどに華麗であり、私の建築する家は、御所の建物ほどに荘重であった。

「おばあちゃん、本願寺さんを作ってあげようか」

積み上げてあった塔をこわして新しい工事にとりかかると、

「おやおや、立派な本願寺さんだこと。じゃ、お参りをさせて頂きますよ」

祖母はそう言って、手を合わせて見せたりする。

ある時この祖母は、組み絵を一組、買って来てくれた。各面に鮮《あざや》かな泥絵具で、断片的な絵がかかれている立方体が十二。つなぎ合わすと、一つの大きな絵になった。

そんな遊びをする時も、私はそれ以外のことはすべて忘れて、組み絵にだけ熱中した。が、何回か繰り返していると、もう迷うこともない。最後に出来上る画面が頭の中に記憶されてしまえば、こんな容易な遊びはない。新しいものに対する好奇心は、たち

まち失われた。仕方なしに裏返したり、横に転がしたりしているうちに、各立方体の各面の図柄も配列も、自然に暗記してしまうのだった。

「おばあちゃん、ぼく、裏返しにでも出来るよ」

私は、ならべるべき画面を全部裏返しにして、そのまま木片を並べた。見える表の方は、全く絵にならない。不ぞろいな部分のよせ集めである。が、裏返しにすると、完全につながって、一つの大きな絵になっていた。

「おや！」

と、祖母は目を輝かせた。

「この子はなんて頭のいい子だろう。この子はうちでは一番かもしれないよ」

子供のころ、この祖母ばかりは私を高く評価してくれた。けれども他の家族からは、あまり認められない存在であったようだ。

この祖母は、染殿町の家で亡《な》くなった。

だから私の家が東桜町に移ったころ、私の身辺はいくらかさびしくなっていた。しかし、母方の祖父母が、私を可愛《かわい》がってくれた。

今度の家は、豊岡圭資《とよおかけいし》という子爵《ししやく》の持ち家である。すぐそばに、府立病院があった。

久邇宮《くにのみや》の御殿があった。その東はもう、鴨川《かもがわ》の河原《かわら》である。御殿では年に一度、六斎念仏が行われた。その時は門を開いて、一般に開放されるのである。玄関の前には碁盤《ごばん》が持ち出された。その上で踊る獅子舞《ししまい》の、獅子の顔の怖《おそ》ろしさと、朱《しゅ》や緑の色の鮮かだったことは、今でも強く印象に残っている。

私の家の門は、お寺の門のようであった。門の屋根には、桃《もも》の実の形をした瓦《かわら》が載《の》っていた。門を入ると供待《ともまち》があった。塀《へい》の角《かど》に、土蔵があった。正面は式台のある玄関。古めかしい公家《くげ》屋敷で、玄関の左に竹が何本か、右にひいらぎの木が、一本あったのを覚えている。

右手の木戸を開くと、広い中庭がある。庭のすみには小さなほこらがあった。それにつづいて離れ座敷がある。そこは、祖父の駒橋《こまきつ》の居間になっていた。離れと母屋《おもや》との間の中庭で、祖父は朝顔を作った。菊を作った。私はこの祖父に連れられて、朝顔の共進会を見に行った。東京相撲《ずもう》も見せてもらった。

今ではもう町の有様《ありさま》が変ってしまって、はっきり指摘するのもむつかしいが、四条通りを鴨川を渡って東へ数町、花見小路の東北の角あたりに、大きな植木職の家があった。朝顔の共進会は、そこの広場で行われた。私の顔ぐらいの花が、数限りなく並んでいたり、変り咲きの花が、糸のような花びらを垂らしていたりした。

相撲《すもう》は、建仁寺《けんにんじ》の境内《けいだい》の空地で行われた。ここも、今ではすっかり家がたてこんでしまったが、土俵に見た、太刀山《たちやま》の飛びはなれた強さは、今でも印象に残っている。

鴨河原《かもがわら》には時々見世物《みせもの》が出たり、露店が並んでいたりした。そんな時には、橋の欄《らん》干《かん》を一部分はずして、河原へ降りる長い階段が立てかけられた。私は、露店のものを買ったりすることはしなかったが、その河原を歩くと心が躍《おど》るようであった。

私たち男の子は、家では、ランプのホヤを、よくみがかされた。寒い冬の午後、土蔵の前の広い縁側で、油煙《ゆえん》のついたホヤをふいていると、不意に遠くから奇妙な笛《ふえ》の音《ね》が聞えてきたことがある。緩かでひどく単調な、しかし一種の哀調をふくんだ音色であった。

「あれ、なんの笛?」

と、私は祖父に聞いた。

「笙《しょう》の笛だ、雅楽《ががく》につかう笛の音だ」

と、祖父は答えた。

笛は塀越《へいご》しに、裏の家主、豊岡さんの家からひょうひょうと流れて来るのである。雅楽がなんであるかも知らぬ私は、そのひき込まれるような笛の音の中で、奇妙な幻想におちてゆくようであった。今でも私は、神前結婚の席などで吹奏される越天楽《えてんらく》に、そこはかとない、ノスタルジヤを感じる。私はこの豊岡子爵も、全く覚えていない。外出することも少なかった人であったようだ。あとで聞くと貴族院議員で、よく上京したらしい。京都では雅楽研究会を組織していたということだ。とにかく朝から晩まで笛を吹いて暮す人がいた、のんびりした時代の話である。

この人は雅楽に関する研究資料を、たくさん所蔵しておられたそうだが、亡《な》くなられてから嗣子《しし》の家が東京で戦災に遭《あ》い、みな焼失してしまったそうだ。惜《お》しいことである。

私は昔も今も、親しい友だちが少ない。性格的なものもあるだろうが、私が幼年期、少年期を過した、京都という町の環境にもよるのかもしれない。

京都の人家は、大抵、外部からひどく隔絶されるように出来ている。

入り組んだ町の商店でも、店だけは通りに面して開いている。が、店の奥に下げられた古いのれんを一枚くぐれば、そこには外界から遮断《しやだん》された、暗い静けさがよどんでいる。格子戸《こうしど》もしめたまま、外からは商品一つ見えない商店さえある。

住宅街ともなれば、白壁の土塀《どべい》がつづく。屋根の重い門がある。植込みがある。すまいは更《さら》に深いところにある。中庭があり、裏庭があり、たとえ、そこにさんさんと陽が射していても、外からは少しもうかがい知ることは出来ない。これは、京都人の性格を形成するには、恰好《かっこう》の構えである。いや、とかく心の門を閉ざし易《やす》い京都人が、自然に生み出した住居の設計であろうか。

私たちの家の近隣にも、おそらく私たちと同じ歳《とし》ごろの子供はいたはずだが、――行き来して遊ぶことはほとんどなかった。ひとの家に対する興味もなかった。与えられた小さな世界の中だけで生きることを、当然と思っていた。こういう状態は、子供の心の中に、逆に豊かな空想力やロマンチックな気質を植えつけることもあるらしい。

長姉は女学校を出て家にいたが、私と遊ぶには歳《とし》がはなれすぎていた。兄たちが学校から帰って来るまで、私はひとりであった。弟はまだ小さく、おとなしく内気であった。私は時々、家を出て、付近をさまよった。

本禅寺《ほんぜんじ》には、笑い閻魔《えんま》があった。暗い小さな御堂の中で、見ていればふと笑い出すように見える。私はよくそれを見に行ったが、怖《おそ》ろしかった。梨木神社は緑が美しかった。その鳥居《とりい》の前を抜けると、御所の清和院御門である。御門の中は、玉砂利《たまじゃり》を敷きつめた道が、まっすぐに伸びている。左は高い白壁の塀《へい》。右には奥深い木立がある。そこに大きなえのきが一本、枝をひろげていた。春にはうす黄色のこまかな花をつけた。秋には紅《あか》い小さな実がこぼれる。この木に、かぶと虫や、くわがたが住んでいるのだ。私はその根方に立って、深い葉の茂みを見上げる。が、昼間のうちは、なかなか発見出来なかった。

兄がよくかぶと虫を採《と》って来てくれた。朝早く、顔を洗いおえるのももどかしく、兄は友だちと御門まで走る。そこに、アーク灯が一基《いっき》、ともっていた。虫は夜の間に、その明りを目ざして、えのきの茂みから飛び立って来る。朝になると地に落ちて、じっと朝露にぬれて静まっている。黒くつやつやとした羽を輝かしながら。——

先がふたまたに分れた一本の角を持っているかぶと虫を、私たちは「カブト」と呼んだ。かまのような二本の角を持つくわがたを「源氏」と呼んだ。何もないのは「坊《ぼう》主《ず》」である。兄が捕えて来た虫を、私は木箱に入れて砂糖水で飼《か》った。時々、箱から出して相撲《すもう》をとらせたり、紙で作った車をひかせたりした。木箱のふたには、小さな穴をいくつもあけて、風通しをよくした。夜の間に逃げ出さないように、箱の上には石を置いた。

この父

昭和二十五年の夏、アメリカからちょっと帰国した時に、小学校時代の同期生の会が開かれた。出席者は二十人あまり。総数百人にも満たぬ同期生が、卒業後三十何年を経過して、よくこんなに集ったものだ。

これもやはり、京都なればこそという感じが深い。この町には、家代々の家業を継《つ》ぐ人が、今でも多いのである。女の人も、京都市内や近郊に嫁《とつ》いだ人が、少なくないのだろう。その上、戦争に傷《いた》めつけられずにすんだ町でもある。

同期生は、もちろんみな四十代に達している。昔の風姿を、そのままに残している人がいる。かと思うと一方には、どう考えても思い出せない顔がある。が、話しているうちに、ふと、薄れていた記憶にゆき当り、そこからたちまち懐しさがよみがえって来たりした。それぞれにちがう方面の仕事を持っているから、話はとかく現在をはなれて、遠い昔を追うことになりやすい。そこに、集った人たちの全部に共通な、話題が見出《みいだ》されるからである。

「湯川さんが物理学者になるなんて、考えても見ませんでしたわ」

そう言ったのは、成川《なりかわ》ミキ子さんである。小学校の一年、二年の時、私と机を並べていた人だ。

「……はっきり考えたわけではありませんけれど、多分、文学の方面にでも進まれるのではないかと、思っていました」

その言葉に、すなおに同感する人もいる。して見ると、これが少年時代の私に対する、一種の見方、少なくとも友人たちの見方を代表するものなのだろうか。

「そう、文学書はよく読みましたね、子供のころから……」

私はそう答えながら、すぐに父琢治の学生時代に思いをはせた。

父も、第一高等学校の途中まで、文科志望であったらしい。もし一つの偶然が、父を見舞わなかったら、父は地質学者にはならなかったかもしれない。はじめは哲学を修《おさ》めるつもりだったと、はっきりと書き遺《のこ》している。

英語の小説を読みふけったという。語学力をつけるつもりであったが、そのためばかりではない。ディッケンズなどには、かなり親しんだようだ。ひところは「我楽多《がらくた》文庫」の同人にさえなった。明治二十年代の初期のことである。

東海散士《とうかいさんし》の「佳人之奇遇《かじんのきぐう》」につづいて、徳富蘇峰《とくとみそほう》の「新日本之青年」などが、青年たちの目をひいていた。一方では坪内逍遥《つぼうちしょうよう》の「当世書生気質《しょせいかたぎ》」が話題に上る。尾崎紅《おざきこう》葉《よう》を先達とする硯友社《けんゆうしゃ》が、漸《ようや》く新しい空気をふりまき始めた時代であった。

父は、紅葉山人のすまいに近く、飯田町《いいだまち》土手下に下宿していた。誘われて「文庫」の同人になった。すると紅葉山人が、筆写回読の雑誌を届けて来る。ときにはこちらからも、受け取りにゆく。紅葉の三畳間の書斎で、語り合うことがよくあったそうだ。

この父について、もう少し、さかのぼって書いて見よう。

私の父、小川琢治は、明治三年に南紀で生れた。田辺藩《たなべはん》の儒者《じゆしや》、浅井南溟《あさいなんめい》の二男である。だから養子にゆくまでの父は、もちろん浅井姓を名乗っていた。

儒者南溟は、藩学修道館で、漢学を講じていた。のちに廃藩置県に遭《あ》い藩学が閉鎖されたため、紀ノ川筋の村々を転々として、私塾《しじゆく》を開いて子弟を教育した。

父琢治は十四歳の時、和歌《わか》山《やま》中学に入学したが、それまでに四書《ししよ》、五経《ごきよう》などを、父親から口授されていた。南監本《なんかんぼん》二十一史のうち、後漢書《ごかんじよ》、三国志、晋書《しんじよ》などを特に愛読していたようだ。

ところが中学三年に進級する時、学制が改革された。ただでさえ入学の遅れていたのを残念に思っていたところへ、この改革で、三年生は二学年と合併されることになった。これには我慢がならなかったらしい。その上、数年前から学生の上京が流行していた傾向もある。上京した学生は、休暇で帰郷すると必ず懇親会を開く。その席に参加して、杯《さかずき》をあげて語り合っているうちに、東京と新しい学問に対するあこがれが、父の胸にも泉のようにわき上るのだった。

明治十九年、琢治は十七歳で上京した。

しかし、父は豊かな学生ではなかった。一応、予備校として有名だった東京英語学校に籍を置いた。そして翌年、海軍兵学校を受験した。官費で修学出来ると思ったからである。が、幸い——といってもいいだろう——第一次の体格検査で落ちた。そのために父は、第一高等学校に入ることになったのである。

父が軍人にならずに、学者になったということが、子供たちの上にも重大な影響を及ぼしたことは確かである。

一高に入ったばかりの父は、将来、何を専攻するかを決めてはいなかった。だから尾崎紅葉とも親しんだ。——この時代のことを、父はある意味で非常に懐《なつか》しく思っているらしい。後年、子供たちとの間に文学の話が出ると、父は特別の親しみをもって紅葉山人を語った。しかし不思議なことに、鷗外《おうがい》、漱石《そうせき》以後の文学には、なんの関心も持っていなかったようである。

入学後二年たった時、父は小川家の養子となった。上京する時、一年間だけ琢治の兄が学費を用立ててくれることになっていたのが、この時までどうにか続いていたのである。が、県の属官であった琢治の兄に、その後も父を援助する力はなかった。この苦境を知った人が中に立ってくれた。養子縁組はすぐ成立したらしい。養父は小川駒橋《こまきつ》といった。

この人も紀州の出で、若いころ、長州《ちようしゆう》征伐に従軍した人だ。次いで慶應義塾《けいおうぎじゆく》で福《ふく》沢《ざわ》先生の教えをうけ、長崎師範学校長などをつとめ、後には長いこと横浜正金銀行につとめていた。母校慶應の教壇にも立ったそうだ。面白いことには、この人も養子だ。もとの姓は長屋である。同郷の親友に小泉信吉氏がいる。先年まで慶應の塾長をしていた小泉信三氏の父君である。

琢治の志望がきまらないのを見て、養父はこう言ったらしい。

「小泉さんに会って見るがいい。何か、将来の方針について、暗示をうけることがあるかもしれない」

父琢治は、このすすめによって小泉信吉氏に会った。小泉氏は西洋の学問に通じ、自然科学を応用した工業に、特別な理解を持っていた。この人の意見をきく度に、琢治の胸には自然科学に対する関心が、強まって来るようであった。

父が、地質学を専攻するようになったのには、はっきりした動機が、少なくとも二つは存在している。

明治二十四年春、病床にある和歌山の実母を見舞って帰京すると、今度は自分が流感にかかった。

ちょうど、学期試験の始まる時だった。父は無理をして、試験を受けてしまった。それは父の体にとって、非常に悪かったらしい。風邪《かぜ》がなおると、ひどい不眠症に陥《おちい》った。医師は神経衰弱だという。

散歩することが、不眠症の一番いい療法だと聞いたので、父は毎週、土曜日曜を郊外に出かけた。が、経過はよくなかった。とうとうその年、本科第一年の学期試験は休むことにし、その夏は友人と御殿場《ごてんば》に避暑した。借りた部屋は、ある真宗《しんしゆう》寺院の一室だった。父はここでまた英文の小説を読みふけり、朝夕に仰ぎ見る富士山の美しさに驚倒した。

「一度、あの頂《いただ》きを征服してみたい」

「その身体《からだ》では、危いものだ」

友人とそんな会話を交わしながら、山を歩きまわりたいという念願が、体のすみずみにまでしみ通っていった。そしてこの希望は、その後、父が地質学を専攻することになって、十分に満たされたのである。

九月、御殿場から帰った父は、さっそく、追試験を受けて、本科二年に進級した。けれども、不眠症はまだつづく。思いきって休学して、郷里の紀州を旅行するつもりになった。十月、横浜桜木町《さくらぎちょう》の養家に帰った。そして出発の準備をつづけている時に、有名な濃尾《のうび》の地震が起ったのである。

十月二十八日のことだ。朝、顔を洗ったばかりであった。いきなり激しいショックが来た。それから緩慢《かんまん》な震動が、あとをひいた。かなり大きな地震だと話し合っているうちに、午後になると新聞社の号外が出た。翌日には、東海道線の被害の極めて大きかったことが知れ渡った。

父は急に、旅行に出ると言い出した。

常識に従えば、計画中の旅行も中止すべき時である。

「鉄道の不通個所が多いというのに……」

という家人の言葉にも、

「汽車のだめな所は、歩いて行きます」

歩いて、震災の実況を視察するつもりなのである。

十月の末日、つまり地震があって三日目に、父は出発した。混雑した車中で、先輩、脇水鉄五郎氏が小藤先生に随行して大垣《おおがき》地方の震災地調査に出かけるのに会った。予定を話すと、

「それは容易な旅行じゃない」

と、言う。

「それに君は専門でもないのだから、無理に危険を買って出ることはない」

とも、忠告された。

名古屋で下車して見ると、市内の混乱は想像を絶していた。壊れた家、焼けた家。市民は余震を恐れて、みな戸外で野宿している。十一月の寒空である。その惨状には同情の目を向けたが、父はひき返すことが出来なかった。幸い大垣から来た人力車に会い、すすめられて西行することになった。被害状況を見学しようというのだ。学徒としての情熱が、ここで計らずもほとばしったらしい。自然の猛威に対抗しようとする人間的な力が、その時の父をひそかに駆《か》り立てていたようである。

沿道は、酸鼻《さんび》を極めていた。

高架線の下では、落ちかかったレールとまくら木が、宙に浮いていた。半壊の農家

から、まだ家財を探し出している住民があった。

道路や堤防に生じた亀裂《きれつ》は、初めて震災地を見る父にとっては、圧倒的な驚異であったようだ。寺院の鐘楼《しょうろう》が、土台石を斜《なな》めにはねとばされながら、柱は折れずに礎石《そせき》の外に傾いているのを見ると、地下の破壊力が地面に接する下部に、特に激しいことが分る。

父は、被災者には同情しながらも、自然の力の偉大さに驚嘆した。感動といってもいいかもしれない。父を地質学に進むべく決心させた最大の要因は、この視察行にあったのである。

車が大垣駅に近づくにつれて、町は漸《ようや》く静かな様相を呈して来た。駅の雑踏《ざっとう》は名古屋と同じだったが、車中の人となって大阪に向った。次の日、和歌山に着き、長屋家に入った。

郷里に向う最初の目的は、健康を回復することであった。父は伯父《おじ》から狩猟用の村田式単発銃を借り、和歌山城内の森に鳥撃ちのけいこに出かけた。けれども一発も当らない。

「昼間、ぶらぶら歩いても、鳥は撃てるものではない」

と、伯父は笑って言った。

「本気で鳥を撃つつもりなら、夜あけか日暮れ方に、鳥の寝ぐらを襲うものだ」

この言葉は、父に学問の要諦《ようたい》を教えたそうだ。後年、地質学を専攻するようになり、化石や掻痕《そうこん》のある漂石の採集に当っても、必ずその巣窟《そうくつ》をつく必要があると気づいたという。

父は約一か月、長屋家に滞在し、十二月はじめにここを発《た》った。南紀を一周する旅程である。

湯ノ峯《ゆみね》温泉の付近は、前年の十津川《とつがわ》大水害の時、大小の山崩れのあったところだ。第三紀頁岩《けつがん》の崩れた斜面を通り、節理に沿って崩れた岩塊の典型も見た。熊野《くまの》川の本流に出て、瀞《とろ》八丁に遊んだ。故郷の山河の雄大さ、激しさを、父はこの時はじめて深く認識したらしい。潮岬《しおのみさき》から太平洋を展望しては、漢詩も作った。漢学の素養は、幼い時から深かった父である。

大潮奔駛去悠々　(大潮奔駛《たいちょうほんち》し去って悠々《ゆうゆう》)
海南極端百尺楼　(海南の極端百尺の楼《ろう》)
一望直南三万里　(一望《いちぼう》すれば直南三万里)
浮雲尽処是濠洲　(浮雲《ふうんつ》尽くる処是《ところこ》れ濠洲《ごうしゅう》)

この旅行中に、父の決心はきまったらしい。濃尾の震災と、紀州の山河、その海岸の複雑さが、父の研究心を目ざめさせた。

決意すると、心のせく旅になった。急ぎ和歌山に出、大阪を回って横浜に帰った。養父と打合せ、将来の方針を立てると、すぐに東京の下宿へ舞い戻って来た。

父は翌明治二十五年から、正式に小川姓を名乗っている。その秋、本科二年の一学期から二部二組（理科）に移った。その前後から、あらゆる生活が地質学者としての軌道に乗り始めた。箱根《はこね》、伊豆《いず》方面から、阿武隈《あぶくま》地方の探索。——父は後年、地質調査所を退くまで、旅行から旅行へ、調査から調査への日々を重ねた。そして学問に対する情熱は、晩年まで衰えなかった。

現在、京大人文科学研究所の教授になっている仏文学者の桑原武夫氏は、三高当時、私の兄、貝塚茂樹と同クラスであった。桑原氏は今でも、

「小川琢治《たくじ》先生って人は、こわい人だったよ」

と、話す。

私の父に、激しく注意されたことがあるのだ。この話は、父の人生観の一端をひれきすることにもなるから、ここにさしはさんでおこう。

桑原氏は三高時代、山岳部の部員であった。ある年、日本アルプスに登って、消息

が絶えた。遭難《そうなん》したのである。学校当局は心配した。いや、友人たちも救助隊を組織するぐらいである。桑原氏はピッケルを腹に刺したのだった。強力《ごうりき》に背負われて富山《とやま》市に降り、手術を受けて京都に帰った。学校当局はようやく安心した。友人たちは、面白がって体験談を聞こうとする。青年らしいヒロイックなものも、その時の桑原氏らの胸に、なかったとはいえないと思われる。

傷が回復し、周囲も漸《ようや》く平静に復したころ、桑原氏は一夜、兄茂樹を訪ねて遊びに来た。

二人は一室に閉じこもって、話していた。ところが桑原氏の声は、若々しく高い。その笑声が、書斎にいる父の耳に止った。すると父は、

「ちょっと、こちらへ来なさい」

と、桑原氏を自室へ呼びつけたものだ。

いくら桑原氏が元気な若者ではあっても、京大教授と高校生である。桑原氏はおそらく礼儀正しく部屋に入り、心配をかけたことを謝したであろう。が、父は、

「むだに生命を捨てるような登山なら、止めるがいい」

と、頭からしかりつけたそうだ。

「はい」

と一礼して、状況の説明をしようとするが、父は口をはさませない。それこそ説き来り、説き去り、——大変なお説教であり、講義である。もちろん父は、青年を愛していた。愛していたから、定年まで大学教授をつづけたのだろう。けれども率直な愛情が、父の場合にはしばしば怒号《どごう》に近い形で発現した。生命を粗末にするな、という一言を桑原氏に徹底させるために、父は一時間の時間を費《ついや》したのである。

多分、父の説の中には、登山をするにも確固たる目的を持て、という意味があったのではないだろうか。自分には日本じゅうの山を歩いた経験がある。その経験も語ろうとしたかもしれない。たとえ学問的な目的はなくとも、体育のためであっても、それはよろしい。——けれども遭難するなどということは、体のために、という目的にも、全くそむく。

「そこに山があるから……」登るのだというような考え方は、父の頭の中にも、また当時の日本の社会にも、存在しなかったのではないか。登山の流行している今日から見れば、遥《はる》かに遠い考え方であったかもしれない。

しかし、父も調査のための登山で、全く危険に遭《あ》わなかったわけではない。

一度など、もう少しで福島県吾妻山《あずまやま》の噴火に遭うところであった。そのとき父は都合で一行に参加出来なかったが、参加していれば多分自分も危険を冒《おか》していただろうという気持が、強かったようだ。だから余計に、桑原氏への言葉は厳しかったのだろうか。

二十六年の吾妻山の噴火は、日本地質学上に記念されてよい異変であった。

五月に第一回の噴火があり、六月に第二回目の噴火。農商務省から技師が踏査《とうさ》に向うことになり、大学の地質学教室からも参加することになった。父も一行に加わるつもりで、旅費を作るために横浜の家に帰ると、養父駒橘《こまきつ》は病床にあった。ちょうど学年末の試験も迫っていることであり、父を見舞って参加をあきらめ、東京に帰ると号外が出て、三浦技師ら二名が遭難したという。

二人は一行の先頭に立って登ったのだ。漸《ようや》く火口端に達した時、三度目の爆発があり、雨と降る岩塊の下に倒れたのだった。助かった人びとは、路上、図面をひいていて、遅れたからであったらしい。父は、もし自分も参加していたら、必ず先頭の仲間に入っていて死んだろうと思ったそうだ。若気の客気を排撃する気持は、この時からつちかわれたもののようである。

それ以後、父は旅先でも、非常に慎重《しんちょう》になった。桑原氏に与えた言葉の中には、きっとこの時のことも出ていたであろう。

二十六年九月、大学の地質学教室に入ってから、のちに地質調査所を辞《や》めるまで、わき目もふらず、研究に打ちこんだ。全国にわたって、調査に歩いている。

その間、二十七年の春には私の母、小川小雪と結婚した。その前の晩まで、父は友人たちと一しょに、秩父《ちちぶ》地方の結晶片岩の露頭を次々と追って歩いていたという。東京に舞い戻ると、翌日は結婚式である。

後年、書きのこした著書の中に、

「今筆を取り茲《ここ》に至り自分の生涯を画する一節を省《はぶ》きえぬから書いて置くが、初めて顔を知ったのが、赤ん坊と、七、八歳の童児であって見れば、そんな情緒《じょうちょ》のある話を吹聴《ふいちょう》せんとするにも仕様がないのである」

と、自分の結婚の経緯《けいい》を書いている。

なるほど小川家も紀州の人だから、いわば幼なじみである。少年時代から後は、会うこともなかっただろうが、結婚するとすれば残っている記憶も多かったかもしれない。まして父が、小川家に養子となってからは、兄妹《きょうだい》のようでもあったろうか。

父はそれ以後も当分、本郷森川町《ほんごうもりかわちょう》の下宿を動かなかった。

母は後年、子供たちがふえると、家庭専一なむしろ古めかしい女のような一面も見せたが、実は新しい女性の一人だったのかもしれない。その父駒橘《こまきつ》は、娘を東洋英和女学校に入れた。つまり私の母小雪は、当時としては珍らしく、いくらか英語も学んだ人なのである。家庭の事情で、二年で退学した。多分、父琢治《たくじ》に、学費がかかるようになったからではないかと思われる。京都に移ってからの母は、外出もせずに家事に専念したが、今から考えて見ると、物の考え方が非常に合理的で、迷信的なところが少しもなかった。母の父、駒橋の教育の新しさが、想像出来るように思われる。

私が記憶するようになってから、母の机の上にはいつも「婦人之友」が置かれていた。母は、当時から羽仁《はに》もと子さんを尊敬していた。後年、私は羽仁もと子さんに依頼されて、自由学園で講演をしたことがある。その時、私は母を伴って行った。母は羽仁さんに会えたことを、非常に喜んでいた。

大学を卒業しようとする数日前に、父琢治は、和歌山の実父が危篤《きとく》に陥《おちい》ったとの知らせをうけた。明治二十九年七月のことである。

父はとるものもとりあえず、帰省した。臨終には間にあった。が、父親に卒業証書を見せられなかったことは、あきらめ切れないことであった。

まだ、意識のはっきりしている父親のまくらもとで、

「帰りました」

といいながら手ぬぐいで顔をぬぐったのは、暑さで汗が流れ落ちるからばかりではない。歯をかみしめて、涙をかくそうとしたのである。

「もうすぐ、卒業式があります」

その琢治の背で、実母民枝は顔をおおって声をのんだ。

無理もないことだ。今のように、全国各地に大学のある時代ではない。大学自体の値打ちもちがうし、学生の意気にも大変な開きがある。日本という国全体が、興隆《こうりゅう》の一途《いっと》にあった。日清《にっしん》戦争が終ったばかりである。東京帝国大学の卒業式は、当時の学生にとっては無上の光栄であったのであろう。

しかし野辺《のべ》送りをすますと、父はすぐ丹波《たんば》の綾部町《あやべちょう》にまわり、落合直文氏らと合流して、講演会の講壇に立っている。

父は八月に帰京、卒業証書を受けるとすぐ、大学院に入った。が、翌三十年一月には農商務技手を拝命して、地質調査所に勤めることになった。父の新しい出発である。入所するとすぐ、父は房総《ぼうそう》半島の火成岩採集に着手した。巨智部《こちべ》博士がセント・ペーテルスブルグ（今のレニングラード）の万国地質学会議に出席することになり、そこへ持参することになったからだ。これがすむと、今度は別子《べっし》銅山を中心とする愛媛《えひめ》県から高知《こうち》県へかけての地質調査。

四か月ほどの予定だったが、予定内に調査は終らなかった。さいわい旅費が余ったので、独断で調査を続行、百五十日になって漸《ようや》く帰京した。地質調査所に行くとたちまち、地質課長中島博士から叱責《しっせき》を受けた。仕事に熱心なのはいいとして、無届の延期はけしからんというわけだ。もっとも、父の書生っぽ流のやり方にも、同情がなかったわけではない。延期日数に対する旅費を補給されて、父はひどくうれしかったそうだ。

しかし、四国方面は父にとって鬼門だったようだ。高知に向う山中で人力車が転覆《てんぷく》、地上に投げ出されて負傷するような出来事にも遭遇した。——三年前に淡路島《あわじしま》を訪れた時も、父たちは憲兵に調べられるようなことになった。ちょうど日清戦争の起った年のことで、測図をしながら由良要塞《ゆらようさい》の近くを通り、怪《あや》しまれたのである。——

三十年は暮れた。すると、今度はパリで万国博覧会と地質学会議が開かれることに決定した。二年先のことである。父の意見で、日本中部の断面図を作製して出陳することになった。中部地方を横断して、火山を連《つら》ねた地質断面をまとめる仕事は、当然、発案者である父の肩にかかった。

父は御殿場を起点として天竜川を越え、北上して乗鞍《のりくら》ヶ岳《だけ》登頂、越中《えっちゅう》平野から伏木《ふしき》、能登《のと》、七尾《ななお》と踏査《とうさ》した。ところが思いがけないことに、パリの学会に、父も一員として派遣されることに決ったのである。

このフランス行は、どんなに父を喜ばしたことだろう。父がたまたまフランス語を習っており、他にフランス語の習得者がいなかったせいでもあった。かくして、父の仕事はまったく渡航準備だけに集中された。

三十三年三月三日、桃の節句に父は仏国汽船で出発した。

横浜港は曇っていた。一行は十人近い学者と、博覧会事務局の人たち。波止場《はとば》には、見送り人が多かった。養父小川駒橘《こまきつ》も来ていた。妻小雪もつつましく、群衆の中から甲板《かんぱん》の父を眼で追っていた。輝かしい船出である。数え年三十一歳の父は、一行の中の最年少者であった。

パリ到着後、最初の仕事がシルクハットとエンビ服の購入だったというのはいかにも面白いが、次々と会う諸外国の学者たちから父は十分に啓発され、胸をふくらませた。最初に訪問したのが、パリの地質調査所長ミシェル・レビィ氏。つづいてミュンヘンの大学で接したチッテル、グレイト両教授。――

会議では多くの新知識に触れ、各地で土地の生成、岩石の組織などを見た。――しかし父は、専門の分野の探究にだけ熱中していたわけではない。

往路の汽船の中では、青海原《あおうなばら》に向って、バイロンの「チャイルド・ハロルドの巡礼」を朗唱するような父である。フローレンスは、鴨川《かもがわ》にしずむ京都だと思った。「ロンドンで見たシェークスピアの古典劇は、一向に感興をひかなんだが、それは平凡な俳優が演じたためで、劇そのものが面白くなかったわけではないかもしれぬ」とも言っている。

この欧州旅行は、父にとって大成功であった。

出発する時の条件は、往復、滞在をふくめて、旅費は打切りの二千円。日数に制限はなかった。だから父の帰朝は翌年の五月なかばになった。――つまり一年三か月近く、各地を遍歴して来たわけだ。

帰朝の翌月からは、また国内の鉱床、地層の調査に歩きはじめる。

考えて見るとこの時代、父が家庭に落ちついていた月日は実に少なかったようだ。母は、いつも留守居役《るすいやく》に等しい。あるいはそれが、当時の主婦の当然な任務であったかもしれないが。――

三十五年になると、今度は日本鉄工業の父とも呼ばれる和田雲村先生との間に、中国漫遊の企画が起る。中国の鉱物資源の調査が、全く出来ていないというのである。計画が進むにつれて、外務省が後援してくれることとなり、父は雲村先生と一しょに外務大臣小村寿太郎《こむらじゅたろう》伯に面会に行ったりした。

五月初旬、一行六人は、長崎《ながさき》から天津《てんしん》に向った。

——こういう父の生活ぶりは、父が私よりも、はるかに活動的な人間であることを示している。私も近年、しばしば旅行に出るが、たいていはやむなく、という感が深い。人間は自分の置かれた境位のために、どうしても動かなければならなくなるものだ。だから私も、不意にアメリカやヨーロッパまで飛んだり、月に一度くらいは東京や地方都市を訪ねたりするが、私の本性はとかくそういう旅行を避けたがる。私には生れつき、ものぐさなのかもしれない。私には研究所か書斎で、物を考えている方が、出歩くよりははるかに楽しいのである。

理論物理学という学問は、簡単にいえば、私たちが生きているこの世界の、根本に潜《ひそ》んでいるものを探そうとする学問である。本来は、哲学に近い学問だ。

これに反し、地質学は自然現象に、もっと直接触れるものでなければならなかった。学問のそれぞれの分野を選ばせたもののうちには、すでに父子の性格的な差異もあったのだろうか。

父の中国遍歴は、約一年を要した。

日露戦争をすぐ目の前にして、国際間の空気が微妙に揺れ動いているさなかである。帰国した時には、私の長兄芳樹が生れていた。父には三人目の子供である。というより、初めての男子出生であった。父の生活にも、わずかずつ変化して来るものがあるようであった。

赤坂田町《あかさかたまち》の岩佐銈《いわさけい》四段について、囲碁《いご》を習い始めたのも、このころである。

「碁を打ちながら、煙草《たばこ》を吸うことを習った」

と、父は母に言った。

「どうもシナにいる間じゅう、煙草が吸えないで不便だった」

こういうところを見ると、初めから碁の方は、大して希望が持てなかったのではないか。もっとも囲碁に関する書籍も大分に買いこんだところを見ると、内心はどうであったか分らない。なるほど碁は余り上達しなかった。が、喫煙の習慣だけは、この時分に身についてしまったようだ。

しかし、父のあわただしい生活は、まだ終りを告げたわけではなかった。

三十七年二月には、遂《つい》に日露が衝突した。開戦以来、連戦連勝、日本の民衆は世界の大国を向うにまわして、熱狂した。九月、遼陽《りょうよう》を降《くだ》し、烟台《えんだい》炭坑は日本の手に帰した。するとその採炭に当って、炭田の地質調査の必要が起る。父はまた、海を渡ることになった。今度は、大本営の御用掛《ごようがかり》である。

この従軍も、父の一生にとっては大きな事件であったにちがいない。

父は広い戦場を、兵隊と共にかけまわった。任務は地質調査だが、平時の仕事とはちがう。その後も、当時の苦労については余り語らなかったが、容易な仕事ではなかったであろう。

従軍から帰ると、父はやがて京大教授に任命された。十年余にわたって勤めた地質調査所を退いて、環境的にはもっとおだやかな教壇生活が、この時から始まることになる。

京都に移った父は、毎日、教室と自宅との間を往復した。そのころの京大、特に文学部には、内藤湖南《ないとうこなん》、西田幾多郎《にしだきたろう》などの優《すぐ》れた人物が雲集していた。父は時々病気をした。そういう時には、父は寝床のそばに書物を積み上げて、いかにも楽しそうに読書していた。この時の父の顔が、今でも私の印象に残っている。

父は少年時代の私たち兄弟に、ヨーロッパの話をよく語って聞かせた。特に、フランスでもらった勲章は父の自慢で、子供たちにそれを見せながら、微笑をふくんだ表情も忘れがたい。

言わん

少年時代の私たちの家の中には、ひどく古いものと、ひどく新しいものとが同居している状態であった。

母方の祖父駒橋《こまきつ》は、明治以前は和歌山のお城に毎日詰めていた武士である。漢学の素養は豊富であった。が、明治以後は洋学を学び、晩年までずっと、ロンドンタイムスを購読しつづけた人でもあった。

父は近代科学の研究者である。研究、視察旅行には、ヨーロッパや中国へ何度も行っている。しかしそれと同時に、幼時から漢学を学び、終生漢籍に親しんで来た人でもある。そして古いものなら、古書、骨董《こっとう》、石仏など、なんでも好きであった。考古学的調査にも、異常に熱心であった。

父は留守《るす》の時が多かったが、たまに夜の食卓で家族にかこまれると、いつも愉快そうに話をしてくれた。

「どうだ、お前たちも早く大きくなって、ヨーロッパへ行って来るんだな」

と言って、子供たちを見まわしたことがある。その時、兄たちがなんと答えたか、私は覚えていない。ただ、私自身は一向に、外国へ行きたいとは思わなかった。外国にあこがれる気持は、私は不思議と持っていなかった。しかし、そういう気持を、口には出さなかった。父の前では、こわくてものが言えなかったのである。

その後、今日まで、やむをえない用事がない限り、なるべく外国へは行かずにすましたいという気持が、ずっと私の中に続いている。私は不精者《ぶしようもの》だし、日本人同士のつき合いでさえも、面倒くさく思うことが多い。まして外国人とのつき合いは、気骨《きぼね》が折れるばかりである。国々の税関を通る時の、不愉快な気持を思い出すと、外国旅行はいつも取越し苦労になる。

祖父は毎日のように、京都市内へ散歩に出かけた。そしてきまったように錦《にしき》の市場に立寄り、塩辛《しおから》とかこのわたとかいう自分の好物を買って来て、自分一人で食べる食《しよく》膳《ぜん》をにぎわしている。

私も時々、つれて行ってもらった。新京極《しんきようごく》には、布の日除《ひよ》けが張られていた。アーケードの明治版である。おもちゃ屋の店先には、細い噴水の立っている中で、小さな福助がペンペコ、ペンペコと絶え間なく太鼓をたたいていた。帝国館という活動写真館では、尾上松之助《おのえまつのすけ》主演の「菅原道真《すがわらみちざね》」や「忠臣蔵」が、子供たちを夢中にさせた。

そのころの私の好きな遊びは、箱庭であった。平たい長方形の鉢の中に、こけを入れ砂をまいて、景色《けしき》をこしらえる。お宮さんや、鳥居や、農家や、橋を適当に配置する。するとそこには、小さな世界が出来上るのである。私にはそれが楽しかった。

しかしある日、――私が五つか六つの時だったろう――父は祖父に、

「そろそろ秀樹にも、漢籍の素読《そどく》をはじめて下さい」

と言った。

その日から私は子供らしい夢の世界をすてて、むずかしい漢字のならんだ古色蒼然《こしよくそうぜん》たる書物の中に残っている、二千数百年前の古典の世界へ、突然入ってゆくことになった。

ひと口に四書、五経というが、四書は「大学」から始まる。私が一番初めに習ったのも「大学」であった。

「論語」や「孟子《もうし》」も、もちろん初めのうちであった。が、そのどれもこれも学齢前の子供にとっては、全く手がかりのない岩壁であった。

まだ見たこともない漢字の群は、一字一字が未知の世界を持っていた。それが積み重《かさな》って一行を作り、その何行かがページを埋めている。するとその一ページは、少

年の私にとっては怖《おそ》ろしく硬《かた》い壁になるのだった。まるで巨大な岩山であった。

「ひらけ、ごま！」

と、じゅもんを唱えて見ても、全く微動もしない非情な岩壁であった。夜ごと、三十分か一時間ずつは、必ずこの壁と向いあわなければならなかった。

祖父は机の向う側から、一尺を越える「字突き」の棒をさし出す。棒の先が一字一字を追って、

「子《し》、曰《のたまわ》く……」

私は祖父の声につれて、音読する。

「シ、ノタマワク……」

素読《そどく》である。けれども、祖父の手にある字突き棒さえ、時には不思議な恐怖心を呼び起すのであった。

暗やみの中を、手さぐりではいまわっているようなものであった。手に触れるものは、えたいが知れなかった。緊張がつづけば、疲労が来た。すると、昼の間の疲れが、呼びさまされるのである。

不意に睡魔《すいま》におそわれて、不思議な快い状態におちることがある。と、祖父の字突き棒が本の一か所を鋭くたたいていたりした。私はあらゆる神経を、あわててその一

点に集中しなければならない。

辛《つら》かった。逃れたくもあった。

寒い夜は、坐《すわ》っている足の指先がしびれて来たし、暑い夕方は背すじを流れる汗が、気味悪く私の神経にさわった。

けれども時によると、私の気持は目の前の書物をはなれて、自由な飛翔《ひしょう》をはじめることもあった。そんな時、私の声は、機械的に祖父の声を追っているだけだ。

ある夜のことである。私が祖父の前に端座《たんざ》していると、不意に軒《のき》をたたく雨の音に気づいた。と、私の気持は、たちまち小さな「さむらいぐも」の上にとぶのである。

裏庭のほこらのあたりには、大きな木が、何本もならんでいる。その根元には、幾すじか、さむらいぐもの巣が顔を出していた。巣は細長いつつ型で地下へつづいている。そのもろい巣をこわさないように、そっと指先でひっぱり上げると、底には小さなくもが縮《ちぢ》こまっている。

このくもは人の手につかまって絶体絶命になると、自分で腹を切って死ぬことがあるので、さむらいぐもという名がついているらしい。

「大学」を習っている最中に、さむらいぐものことを思い出したのは、どうしてだったろうか。

巣をひっぱり上げられて、逃げ場を失ったくも。そのくもの運命に似た立場に、自分も置かれていると思ったのかもしれない。あるいは、動かない漢字の世界をのがれて、動く昆虫《こんちゅう》の世界に入ってゆきたかったのだろうか。

雨の音はつづいている。

——さむらいぐもは、どうなっただろう？

けれども、素読《そどく》は終らない。祖父の手に握られた字突き棒は、今まで通りに確実に漢字の一字一字を追ってゆく。

私はひそかに、棒を握る祖父の手を見た。老人らしく、枯《か》れかけた肌《はだ》をしていた。そしてその手の上にさがったひげは、白く長く、光っているようであった。

子供の私が年齢というものを、老人というものを、ほのかに考えたことがあったとすれば、その時であったかもしれない。しかし、祖父は端然《たんぜん》としていた。やさしいところはあったが、日課をおろそかにするような点はなかった。だから、時間が来るまで、いや予定された一日分の日課がおわるまで、祖父は同じ表情を持ちつづけて、正確に一字一字をたどって行くのである。

私はこのころの漢籍の素読を、決してむだだったとは思わない。

戦後の日本には、当用漢字というものが生れた。子供の頭脳の負担を軽くするには、たしかに有効であり、必要でもあろう。漢字をたくさんおぼえるための労力を他へ向ければ、それだけプラスになるにちがいない。

しかし私の場合は、意味も分らずに入って行った漢籍が、大きな収穫をもたらしている。その後、大人の書物をよみ出す時に、文字に対する抵抗は全くなかった。漢字に慣れていたからであろう。慣れるということは怖《おそ》ろしいことだ。ただ、祖父の声につれて復唱するだけで、知らずしらず漢字に親しみ、その後の読書を容易にしてくれたのは事実である。

難かしい漢籍を習う前から親しんでいた書物には、どんなものがあったか、ちょっと思い出せない。漫画や絵本の類《たぐい》であったにはちがいないが、はっきりした印象は残っていない。ただ一つの明瞭《めいりょう》な記憶は、「子供の友」に関するものである。「婦人之友」に親しんだ母が、子供たちのために与えたものが、同じ羽仁もと子さんの編集したこの雑誌であった。

この本はいつも、茶の間の母の机の上にあって、兄弟たちはかわるがわる読んだものだ。

考えて見ると、この本には、いくらか修身の教科書めいたところがあった。しかし、家庭内の子供のしつけばかりではなく、社会生活に必要な規律を身につけさせようとする配慮がなされていた点で、当時の道徳の通念とは著《いちじる》しくちがっていた。しかも、そういう内容の雑誌を、私どもは面白いと思って読んだのである。作る側の苦心は、大変なものであったろう。

本の中に出て来る男の子の名前は、いつも上太郎、中太郎、下太郎であった。女の子は甲子《こうこ》、乙子《おつこ》、丙子《へいこ》。――この名前だけ見れば、もう敬遠したくなるような気がする。が、男の子三人、女の子三人をしばしば登場させて、日常生活のしつけを面白くよませる力は、今から思うと非凡であった。

時にはその本の内容について、母に向って質問することもあった。

「これ、どういうこと？」

すると母は、何をしている時でもすぐに仕事の手を止めた。これは子供に対する親の態度として、大変なことである。

「あ、それ……？」

決して、あとで教えてあげるなどとは言わなかった。私をまっすぐに見つめながら、直ちに正確な説明をしてくれた。そういう時の母の目が、子供ごころにもなんと美しく見えたことか！

私たち兄弟は、自分たちの気づかぬ間に、この本の影響をうけたようである。そしてこの本に親しめる要素を、私たちの中に植えつけたのは、多分に母の力であったように思われる。

母は子供たちを、みな学者にするつもりだった。――それを、私は子供の時から意識していた。母の苦心がなければ、私たち兄弟のように学問ばかりやる者の一族は、生れて来なかったであろう。

私は子供ながらに、なぜか孤独と親しんで行ったようだ。父に対する根強い反感があった。怖《おそ》れもあった。それが私の心を閉鎖的にした。しかし外へ向っては、閉ざされた自分の世界の中では、一人で、だれに気がねもなく、私の空想は羽ばたくことが出来た。家じゅうにあふれていた書籍が、次第に私をとらえ出した。そして、それが私の空想に新しい種を与えた。

私の父が多趣味の人であったのを反映して、蔵書もさまざまの方面にわたっていた。紅葉に親しみ「我楽多《がらくた》文庫」の同人であったくらいだから、文学書も少なくない。

そのころの私が愛読したのは、十冊ほども続いている「太閤記《たいこうき》」であった。

私はその古めかしい和とじの本を、一冊ずつ持ち出して来ては、読みふけった。祖父の教育のせいで、すでにそのくらいの本は読めた。ページごとに密画のさし画の入った、美しい本であった。それでも十冊が読み終るころには、もう小学校に入学していたように記憶している。相当の日数がかかったことは、事実である。

その本の影響もあったのだろう、少年時代、私は豊臣秀吉《とよとみひでよし》を愛した。開拓者的なスケールの大きさにも、魅力があったのだろう。

それでいて、私ははにかみ屋だった。

おとなしくて、だんまりだったというのが、当時の私に対する多くの人の観察だ。口数の少ない子であったことは、私にも思い出すことが出来る。面倒《めんどう》なことは、すべて、

「言わん」

のひとことですました。

弁解することが、きらいだった。何故《なぜ》こんなことをするのか、どうしてこういうことになったか、というような質問に会うと、きっと黙ってしまう。ある時はそれがそのまま、父に対する抵抗であったように思う。

だから、決して、しんからおとなしかったわけではない。

「言わん」

という言葉のかげに、どう思われてもいいという、あきらめもあったかもしれない。儒教的《じゆきよう》なものへの反抗は、すでに芽ばえていただろう。その裏側で、私はひそかに何かを期した。むしろ頑強《がんきよう》に、自分の立場を守ろうとした気配がある。けれどもそのために、私は「イワンちゃん」というあだ名を授けられた。

当時、――明治の末から大正期にかけて、日本にはトルストイズムがはんらんした。白樺派《しらかば》が勃興《ぼつこう》した。トルストイの作品は、次々と翻訳された。「トルストイ研究」という雑誌が新潮社《しんちようしや》から出たことがある。

一人の外国作家の研究が、月刊雑誌となって何年もつづいたという例が、他にあるだろうか。このロシアの文豪に対する渇仰《かつごう》というものは、今からでは想像も出来ないほど、はげしかったようだ。「新しき村」が出来る。松井須磨子《まついすまこ》のカチューシャが一世を風靡《ふうび》する。カチューシャの唄は、全国の子女のくちびるから流れ、彼女たち自身の哀感をそそった。

あるいは、――と、私は思うのだが、――私の口ぐせになった「言わん」からとったはずのあだ名「イワンちゃん」は、案外、「イワンの馬鹿《ばか》」あたりから来ていたのではないか。もしそうだとすると、微笑《ほほえ》ましくも、また不名誉なあだ名でもある。

母についていつも感心したのは、この大家族の面倒を見ている中で、子供たち全部に、実に公平であろうと努《つと》めたことである。

すぐ下の弟は、体が弱いために、大事にされていたようだ。よく風邪《かぜ》をひいたり、中耳炎《ちゅうじえん》を起して発熱したりした。病気中の弟は、特別のごちそうを作ってもらうのである。私は、寝床《ねどこ》の中で彼が食べている、鶏卵料理が食べたかった。彼に与えられる特別な待遇がうらやましかった。

ある日風邪をひいて、今度は私が卵を食べさせられた。しかし食欲のなくなった私には、もはや卵はおいしいとは思われなかった。

弟が特別料理を食べるのも、彼が病弱だったからにすぎない。ほかの誰《だれ》かが病気をすれば、やはり同じ待遇が待っていたのである。

母は、私が高等学校に入ったころから、次第に私を相談相手とするようになった。次兄が母の話を優しく聞いてやらない傾向があったから、母は私を相手にしはじめたのかも知れない。しかし、そのころは、なんと言っても子供だ。話相手になるわけにはゆかない。それに母は、もともと口数の少ない人だ。余り、ものも言わず、よく考え込んでいる。女としては珍らしいほど思考力に富んでいたように思われる。幼年時代の私たちに、うるさくものを言いはしなかった。

しかし、家のしつけは厳しかった。感情的に口をきくことなど、全くなかったが、子供の私たちに対して、母は特にそれぞれの立場を説明しようともしなかった。

私は身につける物も、兄たちのお下りが多かった。育ちざかりの子供の多い家では、これも仕方のないことだ。しかし、子供が健康である限り、食べ物の公平さなどに、母が特に気をつかっていたらしいことは、今でも納得《なっとく》することが出来る。

——菓子の記憶も、書いておこう。

毎日三時になると、決ったようにおやつをもらった。

寺町の二条に、鎰屋《かぎや》という菓子屋があった。当時としては、店構えも、置いてある菓子も、モダンな店であった。

その店から、毎日のように御用聞きが来た。縞《しま》の着物に角帯をしめ、縞の前掛けをかけた番頭である。碁盤目《ごばんめ》のように区切った、見本入れの木箱を重ねて、唐草《からくさ》のふろしきに包んでいた。ふろしきを開くと、子供の目には楽しいさまざまな菓子が奇麗《きれい》につめられている。母はそれに目を通しては、適当に注文を与える。番頭は注文を手帳に書きこみ、また木箱をふろしきに包むと、

「まいど、おおきに……」

と、言って帰ってゆく。

私たちの胸には、やがて届けられるであろう菓子が、新しい期待を呼び起す。

しかし、ぜいたくな菓子は、余り食べなかった。

塩豆に、そら豆、餅菓子《もちがし》ではでっち羊《よう》かんにすはま。——私の好きだった菓子を、こう並べて見ると、食通といわれる人の推賞するであろう味と正反対の、平凡な菓子ばかりだ。私たちはそれを、毎日同じように分配されて、喜んで食べた。

近くの梨木《なしのき》神社で、床几《しょうぎ》を出して売っているあめ湯、荒神様《こうじんさま》で縁日に売りに出る綿菓子。そんなものを見る度に、一度は買って見たいと思ったが、許されないことだった。あの、がらがらと音を立ててまわる銅製の容器の中心から、真白い糸のようになってほとばしる綿菓子は、今でも私に郷愁《きょうしゅう》を誘うようだ。

ここまで書いて来て、気づいたことがある。それは人間の生活態度というものは、年齢により、環境によって幾変転するということだ。

父や母のことを、私は率直に書いて来た。が、幼年時代の私が接した父や母と、長姉香代子の記憶に残る父母との間には、かなりの隔たりがあるようだ。

姉は学校の宿題なども、ずいぶん父に手伝ってもらったらしい。エンサイクロペディアを繰って、ハリエット・ストオ夫人をしらべてくれたことがある。いや、小学校の上級のころ、わが家の系図を書かねばならなくなった時は、まず、父と祖父とがその調査に熱中した。家につたわる古文書を、金唐皮《きんからかわ》の箱から持ち出して、綿密な検討がつづけられる。だから、長姉がそれを整理して書こうとすると、ひどく長い報告になってしまって、毎晩ねむくて困ったという。

いろいろの展覧会にもつれて行ってくれて、その度に子供には分らないような批評を、よく聞かせてくれたそうだ。

「京都に移ったのも、父は子供の教育に力を入れるために、家に腰をおちつけようとしたのです」

と、姉はいう。

同時に母にも、私の全く触れたことのない一面があった。

当時、——もちろん、母の娘時代のことである、ちょうど鹿鳴館《ろくめいかん》時代だったのだろう。祖父駒橘《こまきつ》の新しい教育の中で、母は新時代に踏みこんで行った。欧化思想が、日本にはげしい勢いで拡がって行った。女性解放の声が、ようやく浸透《しんとう》していた。女の洋装が、次第に流行しはじめていた。

母はそのころの写真で見ると、切れ長の、美しい目の少女である。さっそうとした、洋装である。多分、活発な娘だったのだろう。そして、それの許されるような家庭が、祖父小川駒橘によって支えられていたのだろう。

　母は、ブランコに乗ることが、好きだったそうだ。スカートを風にふくらませて、ブランコをこぐ。――おそらく庭の片すみにでも立てられていたブランコに乗っていれば、そのひとこぎごとに、日本の女をとらえていた古い習慣や思想からとび立って、なか空高く飛翔《ひしょう》する気にでもなれたのだろうか。古めかしい家から見れば、革命的な女の遊戯だったかもしれない。それと同時に、ブランコをこぐ洋服姿の少女というものは、当時の古い人の目からは、なんと小鳥のように自由に、とび交う花のようにあでやかに見えたことだろう。

　けれども母は、一度だけ失敗をした。

　何歳の時のことだったか、手が滑《すべ》って、綱をはずした。地上にうずくまった母は、しばらく頭をかかえたまま、動かなかった。

　その時の怪我《けが》は、かなり母の心をいためたようだ。以後、時々頭痛をうったえる度に、母はブランコを思い出したらしい。

　昭和十八年、京都の東山の見える病院で亡くなる直前、まくらもとにいた私に向って、母は自分の脳を解剖《かいぼう》することを遺言《ゆいごん》した。そしてその時、若い時にブランコで頭をうった話をした。いくら学者の妻であり、学者たちを子供に持った母であるにせよ、死に直面して、少しも理性に狂いのないのには胸をつかれた。

母の脳髄《のうずい》は、脳解剖の専門家で長兄の親友、小川鼎三《おがわていぞう》博士によって調べられた。幼時、ブランコから落ちた時の怪我《けが》は、別に何も痕跡《こんせき》を残しておらず、脳の目方が、標準よりも大分重いことが発表されただけであった。


父が小川家に入ってから、母は東洋英和女学校をやめた。当時としては、女学校中退ということは、珍らしいことではない。

それからの母は、娘らしく琴《こと》も長うたも、お花もお茶も習った。そればかりではなかった。特に国文の先生について、源氏物語の講義をききに通ったそうだ。その先生は母に、

「源氏物語はおみおつけのようにおいしい」

と言ったと、母は姉に話したという。毎朝、少しずつ読んで行っても決してあきない、その豊かな滋味《じみ》について先生はそう言ったのだろうというのは、私の姉の解釈である。

母は結婚してからも、東京に住んでいた間は、割合、身軽に出歩いたらしい。

父は旅行をして、家を留守《るす》にしている日が多い。子供はまださほど多くはない。祖母の手もある。一週に一日は麻布《あざぶ》永坂《ながさか》の本山邸まで、必ずお料理の講習をうけに出掛けた。もっともこの講習は、多分に子供たちの支持を受けていた。母がお重《じゅう》にいっぱいつめて帰るその日のお料理は、子供たちが夕食のたのしみにしたものだそうだ。姉は、愛国婦人会の催しなどに、度々つれて行かれたそうだ。

母は当時、子供たちの教育にも直接参加している。若くもあったし、頭のいい母だったことを証明することにもなろう。

母が東洋英和で習った英語の教科書は「神田リーダー」とか「ナショナル・リーダー」とかであった。母はそれをちゃんと保存していたのである。そのリーダーを参考に、香代子に英語の手ほどきをした。香代子が麻布小学校の高等科の生徒だったころである。そのころ小学校は四年制であったから、高等科というのは今でいえば五、六年、麻布校の高等科では、すでに英語が正課であった。

姉はまた、明治三十年代の文学雑誌を、時々母から見せてもらったそうだ。

「私の文学好きは、どうも母からゆずられたもののようですわ」

と、姉は言う。母の持っていた雑誌は、今から見れば薄いものだが、小説がいっぱいに組みこまれていて、内容は豊富だった。山田《やまだ》美妙斎《びみょうさい》などという名を、姉はこの雑誌で覚えたそうだ。

私は、自分の文学趣味を、家にあったさまざまの雑書から取り入れたものだと思っていたが、姉の話を聞けば、あるいはその点でも母から受けついだものが、多いのかもしれない。

——東京時代はそんな傾向の人だった母が、京都へ移ってからすっかり変ってしまったのは、何故《なぜ》だろうか。もともとは、外出もきらいな人ではない。が、子供の学校の学芸会や運動会以外は、ほとんど外出しなかった。子供がふえて、家庭の仕事だけで手いっぱいになったせいもあるだろう。しかし京都という町の性格にもよるのかもしれない。

京都では、主婦はあまり、世間に顔出しをしない風習があった。この気風は、延々と京都人の血の中に流れているのではないか。夫婦そろって招待されても、とかく妻は家に残るということが、今でも多い。

母の変化も、東京から京都に移ってから起ったもののようだ。その、変化した母の影響を受けつつ、私は育ったのである。

染殿町

明治――。

その名は私に、アルコール・ランプの上に置かれたフラスコの水が、次第に熱せられて、沸騰《ふっとう》してゆく過程を思わせる。

私はその時代の終りに、幼年期を送ったわけだ。けれども明治の終末が、どんなに日本人を嘆かせたかについては、余り記憶がない。

私は、満五歳と数か月だった。

兄たちは学校で、明治天皇に関するさまざまな話を聞いたことであろう。家で遊んでいた私の記憶に残っているのは、母から与えられた一冊の本である。衣冠束帯《いかんそくたい》の人びとや、大礼服の人びとの長い長い葬列を描いた絵巻物であった。私は意味も分らず、毎日それをながめていた。そして、私の知らぬ間に明治は終って、大正が始まっていたのである。

大正二年四月。

私は小学校に入学した。

居住地の学区からいえば、私は春日《かすが》校に入るべきであった。が、私は兄たちのあとを追って、京極《きょうごく》校に入った。つまり、学区外からの入学である。

将来の進学コースを予想して、越境入学を企てるということは、何も最近に始まったことではない。私たち兄弟がすでに、その体験を持っている。今ではそんな差別はないはずだが、当時は京極校の方が、春日校よりすぐれているように、世間からは思われていたらしい。上級学校への入学希望者が多く、事実、進学率もよかったようだ。学者の子弟が、多く集った小学校である。

今は、こんなひどいことは言わないだろうが、そのころの京極校の生徒は、町で春日校の生徒にゆき合うと、

「やあ、カスガッコウや、カスガッコウや」

と、あくたれ口をたたいたものだ。

「カス」は、「滓《かす》」である。つまらない学校とでも、いうつもりだったのだろう。

しかしそういう悪口を言われても、春日校の生徒が暴力をふるった話は聞いたことがない。して見ると春日校の方が、本当は良い生徒たちの学校だったのかも知れない。

京極校の方は、「雨ふり学校」と言われていた。言われていたというより、生徒が

自分でつけた名前である。お天気が大分つづいた時に、先生が明日は遠足だときめる。するとその日は、雨になることが多かった。それでこんな名前がついたのだろう。私自身も一度、雨の中を遠足させられたことがある。

京極校は、寺町今出川下《てらまちいまでがわさが》ル染殿町《そめどのちょう》にある。——いや、正確にいうと、染殿町の範囲外らしい。しかし、私が卒業した後にできた校歌の中にも、

「ゆかりの色に染殿の……」

という文句があるくらいだから、あのあたり一帯を染殿町と呼んでも、まんざら間違いでもなかろう。私が河原町に移る前に住んでいた家から、いくらも隔たってはいない。今では鉄筋コンクリートの校舎になってしまったが、当時はまだ木造建築であった。

京都の小学校では、柳馬場御池上《やなぎのばんばおいけあが》ルにある柳池校が一番古い。開校は明治二年五月だ。けれどもその年のうちに、総計六十四校がつぎつぎに開校した。教育の興隆期である。京極校もその時に生れた小学校の一つで、最初は上京《かみぎょう》二十八、二十九番組協立校と呼ばれた。染殿町に移って梨樹《なしのき》校となり明治十六年の改築で、正門を北から東、京極通りに移したことから京極校となったのだそうだ。やはり古い学校である。

京都はどこへ行っても、史跡、古跡に富んでいるが、御所を西にひかえたこの辺りには、特に平安時代の名残をとどめるものが少なくない。

近くに、京極土御門殿《つちみかどどの》のあとがある。藤原道長《ふじわらのみちなが》の邸《やしき》のあった所だそうだ。紫式部《むらさきしきぶ》が住んでいたといわれる所もある。藤原良房《よしふさ》の邸のあとが染殿院跡。そして、その名にちなんで、染殿町の名も生れたという。

小学校入学は、私という生物を、家庭よりも大きく、そしてより複雑な外界に適応さす最初の機会であった。が、私は、それまでの私をとらえていた世界から、うまくふみ出したとは思えない。無口な点は、母の性格をうけついだのであろうか。苦労性、という点では、少し子供らしくなかった。しかし外界が分って苦労したのではない。小窓を開いて、そっと表をうかがう子羊のようであった。

年の割にして、精神年齢が低かったのではないかと思うこともある。しかし小学校時代に一度、斎部《いんべ》愛子という女の子と二人、選ばれて京大の岩井勝次郎助教授の心理テストを受けに行ったことがある。帰り道、夕やみの大学のさびしい構内を歩いていたのを覚えている。後になって、この時に調べられた知能指数が大変高かったと教えられたが、私にはわけの分らない試験台にされたという印象しか残っていない。

長兄芳樹が六年、次兄茂樹が三年に在学していた。入学した当座、私は長兄に伴われて登校した。河原町の家からすぐ左折して清和院御門《せいわいんごもん》に向い、寺町通りを北へ、電車通りを歩く。片道十分とかからなかったろう。

どういうわけかこの電車のレールは、ただでも狭い寺町通りを、西に片よせて敷かれていた。電車は、西側の家の塀《へい》をすれすれに走る。登校、下校の時、生徒たちは道の東側ばかりを往復した。校門前には、交代で教師が立って、交通整理をした。子供たちを、輪禍《りんか》からまもるためである。

しかし、思い出して見ると、どうも人をひいたりしそうな電車ではなかった。車体の小さなことはもちろんだが、大体、スピードというものが問題にならない。夜など、人がレールの上を歩いていると、車掌《しやしょう》が飛び下りて来て、

「あぶない、あぶない……」

人を追いはらう。それからまた車掌は再び車上の人となり、電車はごとごとと走り去ってゆく。

これは、そのころの京都市長が使っていた、馬車でも同じだった。人混みにさしかかると、黒塗りの車体の後尾《こうび》から、別当が身軽く飛び降りる。馬車の先にまわって走りながら、懸命に人を分ける。道が開くと、またひらりと飛び乗って、――その動作が、小鳥のように敏捷《びんしょう》で、大変スマートに思われた。そんな時代の話である。

新入生にとって、学校は校門からすでに威厳のある存在だった。五、六年前に作られたものだそうだが、破風《はふ》作り。桃山城内にあった一門を模《も》したというこの校門は、六歳二か月の内気な少年には、ある種のおそれを呼び起したかも知れない。

この門は、その後、下京のある工場に売り渡されたということだ。京阪国道も東寺《とうじ》から余り離れぬ辺りに、今も砂ほこりをあびて立っているという。

私の入ったクラスは、一年イ組である。新入生約八十人、イ、ロの二組に分けて、四十人ぐらいずつであった。一、二年の間は男女混合の学級、今でいえば共学だった。

学校は玄関を入って本館をぬけると、すぐ運動場になる。左に花壇があり、その後に理科、裁縫、音楽などの特別教室と、白壁、土蔵造りの機材置場があった。右手に、本州をかたどった池があり、その先には大きな八重桜の古木があった。その桜の木の前に校長が立って、毎朝、朝礼が行われた。校歌はまだなかった。校歌の代りに「金《こん》剛石《ごうせき》」がうたわれるのである。

金剛石もみがかずば

玉の光はそわざらん
人もまなびてのちにこそ
誠《まこと》の徳はあらわるれ
…………

なつかしい明治の歌である。いや、これは言いすぎかもしれない。四十年という末期に生れた私には、明治をなつかしむ気持はそれほど強くはない。

校庭の西は梨木《なしのき》通りをへだてて、御所であった。入学当時、校庭から見る御所の緑は、今よりいっそう美しかったように思われる。

私たちの一年イ組の教室は、北校舎の中ほどにあったように思う。桜の古木を窓近くに見る位置だ。

男と女が並んで机に向う。

私のとなりが、成川ミキ子さんであった。

偶然、この人と並んで座ることになったから、自然、他のクラスメートよりは早く、お互いに口がほぐれたのだろう。お下げ髪の、小柄ではあったが細面《ほそおもて》の、可愛《かわい》い子であった。親戚《しんせき》の子以外で、私が親しくなった最初の女性だった。

——生徒の服装については、大体次のようであったように思う。

女の子は綿大島のかすり、兵児帯《へこおび》の上に、メリンスの前掛けをかけた子が多かった。はかまをはいている子も、幾人かはいたようだ。が、式のある日でもない限り、たいていは前掛け姿だ。冬など被布《ひふ》を着た子もいるにはいたが、おそらくそれは少数の富裕な家の子であったろう。その胸につけられた飾りひもの紫色が、今も私の目の底に残っている。おしゃれな女の子は、同じお下げでも、びんを張って、リボンを結んでいたりした。

男の子は、大部分が紺《こん》がすりに雪駄《せった》ばきだ。畳表で、裏にはあめ色の皮が張ってあった。その皮に金を打った雪駄が流行したことがある。これは音がしてうるさいので、学校では禁止したようだ。

私ははかまをはいて通った。男にも、はかまは少ないのである。往き帰りの道は下《げ》駄《た》をはいているので、雪駄は袋に入れてさげている。弁当箱の袋と一しょにぶらさげていたこともある。——どうも余り衛生的ではなかった。毎日おかかえの人力車に乗って来る子がいるのには、だれもが目を見はったものだ。小倉《こくら》の学童服を着ている。洋服を着てくつをはくという風俗は、子供の世界にはまだ非常に珍らしかった。樋口《ひぐち》清康《きよやす》という、子爵の子供であった。

最初の担任は川村先生だった。

国語の教科書には、古めかしいさしえの上に、

「ハタ　タコ　コマ　ハト　マメ……」という片仮名が、並んでいた。

ちょっと、これは退屈だった。


理解するには遠かったが、毎夜、四書五経の素読《そどく》に苦しんでいた子である。一年生の国語が、むつかしいわけはない。

私は先生の朗読の声を耳にとめながら、窓の外に明るい桜の花の照り返しを、片頬《かたほお》にはっきりと意識していた。と不意に、

「小川！」

と、指名された。

私は立ち上った。先生の質問は、分っていた。しかしどういうわけか、思い切って答えを口にすることが出来ないのである。

私はこの時から後も、度々こういう状態に見舞われた。父が雷《かみなり》おやじで、何か間違ったことを言ったらどなられはしまいかという意識が、ごく小さい時に固定してしまったのかもしれない。生れつき母から遺伝した無口さのせいもあっただろう。こうい

う「ものが言い出せない」という障害《しょうがい》を克服するのに、私は長い年月を要した。今でもこの傾向は、私の中にまだ多分に残っているようだ。

私にはクラスじゅうの視線が、私に集っているのが分る。はかまのひだを指先でさぐりながら、先生の顔を見ていて私は次第に赤くなった。

隣りにすわっている成川ミキ子さんが、

「分ってはるやろう」

とささやいた。

すると私は、ますます赤くなるのである。

休憩時間になって、私は校庭に出た。

咲き乱れた古木の下で、成川さんは桜のはなびらを拾っていた。一つ一つの花びらを松葉に通しているのである。私の近づくのに気づいて、

「あげまひょか?」

と、それを差し出した。

黙ってうけ取りながら、

「うち、どこ?」

「寺町今出川」

「うちの兄ちゃんと、あんたの兄ちゃんと、学校一しょやわ」

「…………」

そういう少女のうす色の耳たぼに、私はふと目をひかれた。それは、いま少女からうけ取ったばかりの桜の花びらとそっくりであった。

ある日、算術の時間に、この子は先生に指されて立った。が、やはりすぐには、答えが出なかった。私は帳面のはしに、急いで数字を書いた。それからそっと、そのノートを成川さんの方に押しやった。

彼女はいくらか赤くなり、あわてて視線を落すと、私の書いた数字を見た。答えてすわると、ふとこちらを振りむいた。その目がうるんで、光っていた。光る目の底に、温いものがあった。

そんなやりとりが出来るほどに、二人の机はぴったりとつけられていた。

どの机も、みな二つずつ組んで置かれ、そこに女の子と男の子が並んですわっていた。机は古く、よごれていた。ふたを向うへ起すようになっている机で、その中に、カバンから出した教科書や筆箱を入れた。右手には小さいひき出し。ここにはすずりや筆を入れることになっていた。

私の机の中は、いつも整頓《せいとん》していた。

家でも机の足が、畳の目に合っていないと、落ちつけない子であった。こういう細かい神経のゆらぎ——些細《ささい》なことに対する厳密性の要求——を抑えるにも、私は長い間努力して来た。

一年生の担任の川村先生は、まだ若かった。黒の詰えりの服を着て、白いカラーをのぞかせていた。非常に高いえりであった。それが当時の「ハイカラ」だったのかも知れない。

男の教師は、式の日などには、フロックコートを着た。まだひげを立てた紳士の多かった時代で、フロックコートを着た教師は、子供の目には近よりがたい威厳を持っていた。

女教師はそでの長い着物に、ひだの多いはかま。髪は大抵ひさし髪である。そんな服装の女教師は、みんな相当の年輩に見えた。このごろの女の先生は、軽快な服装をしているだけでも若々しく感じる。

小学校に入ったころから、高等学校に入るころまでは、私は同級生とくらべて背丈《せたけ》のやや低い方であった。色もやや黒かったようだ。その代り、顔も身体も太っていた。見るからに、子供っぽく、おっとりとしていたらしい。

小学校の教員室には、生徒の「心性観察表」というものができていたらしい。ずっと後になって知ったのだが、一年の時の記録には「内、剛にして、自我強し」と記《しる》されていた由《よし》である。表情はおっとりしていても、神経がしじゅう細かく揺れ動き、負けん気の人一倍強い少年の本質を、さすがに先生は洞察《どうさつ》していたのである。

学校になれるのもおそかった。友だちも多くは作らなかった。学校では友だちと遊んだが、どういうわけか、友だちを家につれて来ることができなかった。いざという時にものが言えなくて困ったのと同じような障害である。友だちに、

「家に遊びに来ないか」

と、言い出せないのである。

当時から今に至るまで、社交性が発達せずにいるのは、一つは先天的な理由からであろうが、もう一つは小学校に入った最初に、二、三度失望させられたからである。

小学校へ入るとすぐに遠藤という少年と大変なかよしになった。一しょに肩を組んで、雨天体操場を走りまわったのを、今でもよく憶《おぼ》えている。この子の父親は巡査であった。間もなく父親が転勤になったらしく、遠藤君はほかの学校へかわってしまった。これが私の最初の失望であった。

その次に親しくなったのは中村譲という少年であった。おとなしいが、大変頭の良

い子であった。寺町通りの本禅寺というお寺の中に住んでいた。そこへ私も遊びに行ったことがある。このお寺の中に、前に言った「笑い閻魔《えんま》」があった。この少年の一家も、一年生の終りごろにどこかへ行ってしまった。

二年生になった時に、私の組に内江ひさ子という女の子が転学して来た。きわ立って頭が良く、きわ立って美しい子であった。受持の諏訪《すわ》先生はこの子ばかりひいきすると、他の女の子が言いあっていた。しかし私には、先生がひいきするのが至極《しごく》当り前と思われた。それほど賢く美しい女の子であった。ところがこの子も、二年生の終りごろにはいなくなってしまった。

こんなことが、小学校の一、二年の間に重なったので、私は友だちとつきあうことに熱中する気持を、失なってしまったのではなかろうか。

机を、畳の目に合わせて置かなければ、気のすまない几帳面《きちようめん》さ。——だが、その机に向って、学校の勉強をしたわけではない。宿題はなかった。予習や復習は、一切しなかった。家へ帰れば自分の好きな本を読むか、外へ出て遊ぶかするだけであった。

私が入学してしまうと、弟の環樹や滋樹はさびしかったにちがいない。私の帰るころには、必ず玄関先に出て、私を待っていたものだ。

けれども弟たちは余り私の遊び相手にならなかった。キャッチ・ボールも好まない。砲丸投げもやりたがらない。静かでおとなしい子供たちだった。特に環樹は、兄弟の中で一番「本の虫」であった。まだ余り字も知らないうちから、よく本のページをくっていたものだ。

彼が小学校に行くようになってからのことだが、父は茶の間にいて、

「おい、あの本を持って来てくれ」

と、だれにともなく、言いつけることがあった。すると、真先に立つのは環樹である。彼が父に対して特に従順だったからというわけではない。いや、素直で従順な子ではあった。が、それ以上に彼は家じゅうの本の、――それが彼に理解しうるものであるかどうかは、問題外として、――ありかを知っていたのである。少なくとも背文字ぐらいには、全部、目を通していたのだろう。どの部屋の、どの本棚《ほんだな》にあるなどということは、父が説明するまでもない。本の名を言いさえすれば、環樹はたちまちそれを手にして、もどって来るのであった。

一度目にとめたものは、忘れなかったのかもしれない。が、全く彼の理解を越えた書籍さえ、そのありかをはっきりと知っているのには、父も舌をまいたようだ。おそらく記憶力がよかったのだろう。

けれども書物に対する興味という点では、私も決してひけをとらなかった。太閤記《たいこうき》を読みあげると、アンデルセン、グリム、その他、外国童話の翻訳物に移った。巌谷《いわや》小波《さざなみ》のおとぎ話も読んだ。「少年世界」や「日本少年」などという、雑誌も愛読した。有本芳水《ありもとほうすい》、松山思水《まつやましすい》などという名前を今でも憶えている。鈴木三重吉《すずきみえきち》のものにも熱中した。小学校の上級になって、「赤い鳥」が発行されると、私はこの雑誌の熱心な愛読者になった。

「うたを忘れたカナリヤ」よりも、今は忘れられた「行ったり来たり」などの方が、私の愛唱歌であった。時々、無意識のうちに、口ずさんでいたりした。

行ったり来たり
昨日も今日も
山の上を白い雲が
…………

この歌の方が、「カナリヤ」よりも節まわしは感傷的であった。そんな歌を愛した私には、今も多分にセンチメンタルな心情が残っているようだ。

黒岩涙香《くろいわるいこう》を知ると、しばらくはこの人のものに魅《み》せられた。「噫無情《ああむじょう》」（レ・ミゼラブル）は、美しい袖珍本《しゅうちんぼん》であった。この物語からは、その時まで知らなかった不思議な感動をうけた憶《おぼ》えがある。

日本の現代小説は、父の蔵書の中に少なかったが、紅葉は読んだ。漱石《そうせき》も読んだ。古典では、有朋堂《ゆうほうどう》文庫をかたはしからひきぬいて来て、毎日のように読みあさった。勉強部屋の机で、裏庭に面した縁側で。——里見八犬伝も三国志も水滸伝《すいこでん》も、数多い登場人物の名をほとんど覚えてしまうほど読んだ。伊勢物語や平家物語は、理解出来たようだが、近松《ちかまつ》や西鶴《さいかく》や浄《じょう》るりなどが面白く思えるようになったのは、中学へ入ってからのことだ。さすがに源氏物語は、開いて見てもまだ歯が立たない。

外国小説も手当り次第であった。ツルゲーネフも読んだ。トルストイにも接した。フランスやドイツの小説もあったはずだ。が、その当時からひきつづき、今日まで私の興味をつないで来たのは、結局、ドストエフスキーだった。国文学では、近松である。この二人の間に、何か通うものがあるのだろうか？——それはともかく、私は文学少年であった。物理学を専攻する人間になるような要素は、そのころの私には全く見られない。

そんな入り乱れた読書遍歴の中で、私は次第に内攻的な性格を深めて行ったようだ。けれども私の目は、外界に向っても、全く閉ざされていたわけではない。

家の前には久邇宮《くにのみや》邸があり、その左手には府立医専があった。家の左隣りは元三高校長だった折田彦市氏の家、西は家主の豊岡氏、その更に西には、博物館に勤めている小山氏、——それは石井柏亭氏の弟に当る人だ。その向うには商工大臣をやった片岡直温氏が住んでいた。豊岡家の北の高倉子爵の家には美しい娘さんがいて、御大典の五節の舞姫に選ばれた。

この辺《あた》りは、当時はまだ、閑静な住宅地だった。住民の一人一人が、お互いに干渉しあうことなく、ひっそりと暮していた。子弟の教育という見地からも、いい環境だったわけだ。

けれども私は、まだ小学校の低学年であった。そういう落ちついた環境よりも、私たちよりややへだたったところにある子供の世界の方が、はるかに魅力的であった。

出町には、弁天様があった。出町から今出川の通りにかけて、月に二回、十四日と二十二日に縁日が出た。露店に燃えるアセチレンのにおいは、今もあざやかによみがえって来る。

家の二すじ南には、荒神様《こうじんさま》のお社《やしろ》があった。ここの縁日にも、露店はたくさん出た。

いや、露店ばかりではない。のぞきからくりは、不思議に子供の夢をそそった。料金は二銭だったと思う。口上《こうじょう》の文句は忘れたが、小さな窓からのぞくと、極彩色《ごくさいしき》の絵が見える。いまで言えば、紙芝居に当るものだろうが、それよりもずっと情趣があったように思えるのは、あるいはそれが、古い時代のものであるからかもしれない。

説明者は、棒をたたいて拍子をとりながら、声色《こわいろ》をつかう。「浦里時次郎」や「八百屋《やおや》お七」新作物では「須磨《すま》の仇浪《あだなみ》」「不如帰《ほととぎす》」「金色夜叉《こんじきやしゃ》」などで、内容は子供の私にはよく分らず、興味もなかった。しかし、からくりの持つふんいきには、魅力があった。

からくりの隣りでは、艶歌師《えんかし》が流行歌をうたっていた。

金魚屋も店を出した。ほおずき、べっこうあめ、金太郎あめ、うつしえ。夏ならば、唐もろこしを焼きながら、売っている店もあった。――やはり記憶というものは、自分に縁の深いものだけが残るのだろうか。露店といえば家庭の日用品や、安呉服なども売っていたはずだが、目にうかぶのは子供の私に、魅力のあった店屋ばかりである。

縁日を見に行った帰りだったろうか。ある春の夕方、どこかの小路《こうじ》の入口で、べいごまをまわす子供たちに、見とれていたことがある。京都の子供はバイと呼んだ。みかん箱やバケツの上の小さなござをくぼませて、そこへたたきつけるように径二センチほどの鉄のこまをまわすのである。こまは時々、触れ合って火花を散らした。一方がござの外まで、はねとばされることもある。子供たちは、熱狂していた。はげしい言葉を、火のようにやりとりしながら、心魂を打ちこんでいた。日の暮れるのも気がつかない。小路にころがったこまが、雑草の根方や溝《みぞ》にかくれて見つからなくなると、子供たちは漸《ようや》く、夜が迫っていることを知るのだった。

京極校では、べいごまを禁じていた。だから私は、この遊びはしなかった。しかし、人がやっているのを見ると、ついひかれて立ちどまるのである。

「メンコ」という遊びもあった。

丸い厚紙には、たいてい、軍人や役者の似顔絵がはりつけられていた。

地面に置かれたその一枚に向って、一人の子が自分のメンコを力いっぱいにたたきつける。相手のメンコを裏返しにすれば、勝負はつくのである。メンコは土でよごれ、傷《いた》めつけられる。乃木《のぎ》大将のひげが、けずり取られていたり、東郷元帥《とうごうげんすい》の額《ひたい》に、穴があいていたりした。

「カナメン」というのもあった。小さな鉛の薄板である。飛行機や、飛行船などの形をしていた。この方は、地面に置かれたカナメンの真上から、静かに自分の一枚をおとすのである。うまくあたると、置かれていたカナメンはひるがえって裏を見せる。私には、どちらを持つことも許されなかった。

私は何十枚というカナメンを、重そうに、兵児帯《へこおび》の中に巻きこんでいる男の子を見て、その子の「自由」が、ふとうらやましかった。

べいごまやカナメンで遊ぶのは、一般に「町の子」であった。商人の子が多い。町の子にはそういう自由があって、私たちにはそういう自由がないということは、しかし、全く理解出来ないことではなかった。そして、私を少しでも町に近づけてくれる人があったとすれば、それは、祖父・小川駒橘《こまきつ》であった。

夜ごとの漢籍の素読《そどく》で、この祖父からはつらい思いもなめさせられていたが、

「おい秀樹、行こうか?」

と、声をかけられると、私は思わず自分の眼に、素直な喜びの色を流したものだ。

「どこへ行くの?　おじいさん……」

「ねえ、おじいさん、どこへゆくの?」

「さあ、新京極にしようか?」

新京極は、当時、京都で唯一《ゆいいつ》のさかり場だった。東京ならどこに当るだろう。庶民

的な繁華街といえば、あるいは観音様をひかえた浅草《あさくさ》に近いだろうか。道はいまある通りに狭かった。劇場がいくつかあった。商店が軒なみに並んでいた。飲食店は今日ほど多くなかったように思う。しかし、印象としてはやはり浅草六区。下町的で親しみのある町である。

背の高い、白ひげの祖父のたもとにまつわりながら、私は目を見はった。おかみさんも、ゆき来していた。お上《のぼ》りさん風の、老人もいた。いきな日本髪の女も、店々に目をさらしながら歩いていた。なまなましい生活のいぶきが、流れている町である。

店の前に立つ番頭が、通りがかりの人に呼びかける声は、いそがしく、にぎやかだった。赤や黄ののぼりが立っていたのは、商店の軒であったろうか。劇場の木戸だったろうか。そしてジンタは流れている。——

何を買わないでも、何を食べないでも、子供の心は躍るようであった。時々、妙に鬱屈《うっくつ》する少年の胸が、急に開らけてゆくようであった。劇場の絵かんばんの前で、私は家庭や学校とは全くちがった世界について、想像をたくましくするのである。

そうだ、そこには小さな本屋があって、——いや、それはおもちゃ屋だったかもしれないし、あるいは駄菓子屋《だがしや》だったかもしれない、——なつかしい本が飾られていたのを覚えている。中年以上の人なら、たいていの人が思い出を持っているであろう、立川《たちかわ》文庫。今日の文庫と同じくらいの大きさだったろうか。紙質のひどく悪い本だが、表紙は人目をひく鮮かな色刷り。「真田《さなだ》十勇士」とか、「猿飛佐助《さるとびさすけ》」とかいう本が何十種も、全部表紙を見せて並べられていた。

立川文庫は家の近くの縁日でも、売っていた。けれども、自分で買うことは少なかった。時々友だちから借りては、読んだものだ。

一方では有朋堂《ゆうほうどう》文庫を読み、外国の大小説を読み、そして一方では立川文庫を読む。考えて見れば、これこそ濫読《らんどく》である。が、少年時代の読書は、結局それでいいのではないか。少年の意欲は、それが固定されていないだけに、何ものに対しても敏感なのだ。間近くあるものは、なんでも自分のものにしてしまいたい。吸収するだけのものを、吸収する。それが次第に整理されて、その人の向うべき方向に、次第にまとまって来る。こんな風にして、その人の中に人格とか個性とかいうものが確立されて来るのではなかろうか。幾度も繰り返すようだが、私の少年時代には、物理学者になるような要素は、余り発見することが出来ない。理論物理学に進むようになった動機には、――いや、これはまだ大分先のことになるが、――やはり偶然もあったかもしれない。

話は大分、それてしまった。

新京極は私にとって、メンコの持つ魅力が、そのまま現実となって発散しているところであった。しかし中学以後になると、私の親たちは私が新京極にゆくこともまた、タブーにしてしまった。


京極校では、三年になる時に、クラスの編成がえをするのが仕来《しきた》りだった。共学がこの学年から止めになって、男女別のクラスになるのである。

新しい私たちの先生は、塩尻信《しおじりしん》という人であった。三十歳ぐらいだったろうか、背が高く、厳格な先生であった。「ナンバ」というあだ名がついていた。関西弁でいう「とうもろこし」のことである。鼻下にたくわえたひげが赤かったから、悪童がこんな名をつけた。しかし私は先生のあだ名は決して口にしなかった。

六年を卒業するまでひきつづいて、この人がクラスの担任であったが、私はこの先生には非常に信用されていたようだ。

忘れられない記憶がいくつかある。

クラスに黒本平三郎君という、少年がいた。河原町今出川を上ったところの菓子屋「双葉もち」の息子である。どちらかといえば背の低い、丸々とした少年だった。いつも私に、立川文庫をかしてくれる友だちである。ある日、この子が職員室に呼ばれた。何ごとだろうと思っていると、山田先生という女教師が、小さな声でささやいたという。

「黒本の家の腰高まんじゅうはなんぼや？」

少年は何ごとかと驚いたが、

「一組、五十銭です」

腰高まんじゅうは、一名よめいりまんじゅうとも言った。結婚のひき出物に配《くば》るもので、紅白でひと組になっていた。

「山田先生の嫁入りや」

という声は、たちまちクラスじゅうに拡まった。その相手が塩尻先生だったのである。当時、世間には余り見られない、堂々たる職場結婚であった。この時の黒本少年は、いまも当時の童顔を残したまま、「双葉もち」の店にすわっている。父の業をついだわけだ。

私は塩尻先生に選ばれて学芸会の舞台にたち、暗誦《あんしょう》するはずの国語の「菅原道真《すがわらみちざね》」の文が全く口から出ず、顔を赤くして壇を下りてしまったことがある。例の、口のきけなくなる性癖の顕著なあらわれであった。——が、私はずっと級長だった。赤いひもの記章をつけていた。現在のクラス委員である。別々のクラスになった成川ミキ子さんの胸にも、それと分る紫の細ひもで作った記章がつけられていた。

小さいころから、私は器用な方ではなかった。図画や、体操や、手工は、どちらかといえば不得手だった。手先が器用だったら、三高や京大の在学中に、物理の実験をもっとうまく行ったろう。実験が器用に出来れば、私は理論物理学に進まずに、実験物理学に進んだかもしれない。

運動会でも、少しも得意になるようなことはなかった。ただ一度、一等賞をとったことがある。障害物競走だった。足が速くはなかったが、途中で課せられる障害物の、操作や処理が、偶然巧《ぐうぜんうま》くいったのであろう。

手先の問題で、一つだけ好評だったのは習字である。

正月の書初《かきぞ》めを学校に提出すると、先生は、「小川はうまいよ、習っているからなあ」

と、すぐ感心してくれた。

事実、私は家で、本式に書を習わせられた。山本竟山《やまもときょうざん》先生という中国から帰った人が、終始、私の先生であった。

書道は私たちの姉妹兄弟の、すべてが山本先生から習った。

小学校に入る前から、私はけいこに通わされた。姉たちの、護衛につかわれたような形だった。

山本竟山先生の家は、御所の蛤御門《はまぐりごもん》のところを、西に入った辺りにあった。私は週に一度、長姉香代子と次の姉妙子について、河原町の家から清和院御門をぬける。姉たちと私とは、ずいぶん歳《とし》が開いている。けれども当時の風習として、男と女とが肩を並べるようなことは、姉弟でもしなかった。姉たちが道の左側をゆけば、私は道の右側をゆく。それが別に、不思議でもない時代であった。

そのうちに、先生の方から河原町の家に来てくれるようになった。習う人数がふえたせいだったろうか。

山本先生は童顔で、かっぷくのいい人であった。若いころ中国に渡り、楊守敬《ようしゅけい》に書道を学んで帰ったという。楊氏は北碑《ほくひ》派の一人といわれ、中国書道の一つの伝統を伝えた人だ。竟山先生の教え方は、弟子に筆をとらせると、机の向う側から腕をのばして、その筆の上端を握って逆さ字を書く。こちらはその筆の動きについて手を動かし、先生の筆法を会得《えとく》するというやり方だ。

こうして、ロール半紙一枚に一字ずつ書いてゆく。次のけいこの日までに、その字をしき写して清書しておくと、先生はそれに朱筆《しゆひつ》を入れてくれるのだった。

けいこは一週に一度だが、男兄弟はだれもその日までに清書することがない。ひどい時は先生が来てから、姉たちが習っている間にあわてて一枚だけ清書する。墨が乾ききらないで、火ばちの火であぶる。すると、墨のあとがきつね色にこげる。それしかないから先生の前に提出せざるを得ない。先生はそれを見てニッコリする。

先生は端然と、はかまをはいてすわっていた。私たちが座敷に出ると、いつも先生の方から先にお辞儀をされる。男の兄弟たちは、大分、へきえきしたらしい。何時《いつ》とはなく、次第にけいこをやめてしまった。が、私だけは長くつづいた。

「あなたが一番上手《じようず》です」という先生の言葉に、おだてられた気味もないとはいえないが、私一流の辛抱《しんぼう》つよさが、いったん始めたことをなかなか捨てさせなかったということもあった。

後年、私は義父の勧《すす》めで南画を描くことを習った。和歌を作るようにもなった。そして求めに応じて、自作の歌を色紙に書く勇気を持ち得たのは、なんといっても竟山先生のおかげである。

先生には「永字《えいじ》八法《はつぽう》」によって、まず筆法を教えられた。楷書《かいしよ》は欧陽詢《おうようじゆん》の九成宮《きゆうせいきゆう》、行書《ぎようしよ》は王羲之《おうぎし》の聖教序《しようぎようじよ》、つづいて草書《そうしよ》、――けいこは三高の初めごろまで続き、とうとう私は隷書《れいしょ》にまでこぎつけた。

――そんなら一体、私が理科系の学問に踏みこむ要素は、どこにひそんでいたのだろう。小学校時代から、数学は一番得意の科目であったが、それに関連して、こんな記憶が一つだけ残っている。小学校の何年だったか、もちろん、上級に近くなってからだが、等差級数の総和を求める方法を、私は自然に考えついていた。それが小学生としては、やや程度の高い数学だということにも、私は気づかなかった。兄が中学でそれを習って帰った時、私がすでによく知っていたということで、母が不思議な顔をして私を見、それから不意にうれしそうな微笑を浮べるのに、私は気がつくのだった。

ある航海

等差級数の和を求める公式は、中学校で代数を習った人なら、誰《だれ》でも知っている。が、私はたれからもそれを教わったわけではない。だから、公式そのものは、私の頭の中にはなかった。けれどもその公式を適用するのと同じ操作を、私は私流にやっていたわけである。

後年、塔之段《とうのだん》の家に兄たちが集った時、母との間に私の少年時代の話が出て、この級数の解き方が、またまた思い出話の一つになったそうだ。兄はその時、私の中にある創造的才能というように解釈してくれたらしいが、私自身はそれを、特別な才能のひらめきと思ったこともない。そういうことがあったのさえ、ほとんど忘れてしまっていた。前にも言った通り、子供の時から数学――小学生では算術にすぎないが、――が比較的、得意な科目であったというにすぎない。

友人の大多数に取って、小学校から一中、三高にかけて、私は特に目立つ存在ではなかったらしい。が、小学校も後半に入ると、成績は次第によくなっていた。体操や手工で九点をもらったぐらいで、主要科目はみな十点だった。五年から六年に進級する時、一年上の人たちの卒業式で、在校生を代表して送別の辞を読んだことがある。その時、私たちに送り出された女生徒の代表が、小川秀という人だった。これはのちに、私の長兄芳樹の妻となった人である。同じ小川姓でも、もとは私の家とのつながりがなかった。

大正八年の春、私は京極校を卒業して、府立の第一中学校に入学した。

この学校は後に下鴨《しもがも》に移り、終戦後は洛北《らくほく》高校になってしまったが、その当時は京大と同じ吉田《よしだ》の近衛町《このえちょう》にあった。第三高等学校のすぐ南側である。

京都の学生の一つの典型は、一中、三高、京大というコースであった。つまり、同じ吉田の相接した三つの学校に、つづけて十年間通うことである。今日のような、試験地獄などという言葉もまだない時代で、私はそれぞれの学校へ入るために、苦労した覚えはない。多くの兄弟と同じように、このコースを進むのをほとんど当然のことと思っていた。

私が一中に入った時の校長が、森外三郎先生である。

この先生については、今までに何人かの人が書いたり語ったりしている。

先輩桑原武夫氏も、先ごろ「よき時代のよき教育者」という題で、この先生のことを書いている、しかし私にとっては、いろいろの意味から森先生は特別に重要である。一中に入った時、校長だった森先生は、やがて三高の校長に転じられた。その時、私は中学四年を終って、先生を追うように三高に入ってしまった。中学生生活は、多くの友だちより一年短かったわけだが、そのためにひきつづき、七年森先生に接することができた。

私が貴重な青春時代を、この先生のもとで送ったということは、私の一生の中でも、特に重要な経験であった。森先生の影響によって、いったん身につけた自由の気風は、おそらく一生、私から離れないであろう。

河原町の家から、一中に通うには、鴨川にかかった荒神橋を渡らねばならない。この古い橋のたもとに出ると、まっすぐに叡山《えいざん》が見えた。その右に少し低く大文字山。さらに低く、吉田山が見える。青春を謳歌《おうか》し、青春に傷ついた三高生が、一人のこらず愛した山である。その背から右手にかけて、東山の峰々。

川上には今出川大橋から北山。川下には丸太町橋《まるたまちばし》がある。

この辺りの風景は、今日でも当時と余り変らない。山や川が視野の大半を占めるからだろうか。いや、対岸に見える家々のたたずまいも、ほとんど変っていないのではないか。

橋を渡ったつき当りに、赤れんがの古い建物がある。明治初年に建てられた、織物会社の工場である。当時はフランスの機械を入れ、その技術を学んで始められた操業だったそうだが、今見ると、如何《いか》にも古めかしく、なつかしい建物である。

その工場の北側に沿《そ》って少し歩くと、道の右側に、一中の校舎が見え始める。塀《へい》の外には、大きな柳が何本もならんでいた。

しかし、木造の校舎は、古びて今にも倒れはしないかと思われるようだった。ある建物には、太い丸太の支柱が施《ほどこ》してあった。はめ板は破れていた。屋根がわらは落ちていた。哀れな状態だった。が、——この惨たる校舎がそのまま、一中生の誇りでもあった。

明治三年、全国にさきがけて誕生した中学である。そして何千という人材を送り出しながら年々、腐朽《ふきゅう》していった校舎である。この校舎が、学校当局の申請にもかかわらず、改築されなかった事実の陰には、またさわやかなエピソードさえあったことを、後に知った。

森先生は生徒に対しては、寛容であった。入学式に先生の温容に接し、

「諸君は今日から本校の生徒である。よく勉強したまえ」

という意味のごく短い、そして訓辞らしくない訓辞を聞いた瞬間に、私は先生を心から尊敬するようになった。

しかし森先生は、温厚な紳士であると共に、古武士《こぶし》的な反面を持っておられた。ずっと後で聞いたことだが、府会議員たちが、とかく子弟を一中に入れたがる。けれども入試は、厳正であった。裏口入学などという言葉は、まだなかったいい時代の話である。

しかも、府会議員たちは、森校長に圧力をかけたらしい。そして、森校長がどうしてもそれをうけ入れないと分った時、

「よし、あの校長ががんばっている間は、校舎の改築予算は計上しないことにしよう」

そんな空気が、府会の中に濃《こ》く流れていったという。なるほどこれでは、改築など実現するわけはない。そして、改築されない理由が分ると、青年たちにはボロ校舎が、一層誇らしくなったのであろう。若さの持つ、正義感であったろうか。中学生の私は、しかしこういう裏面の事情は全然知らなかった。ただ古い校舎が長い伝統を示すものだという、単純な誇りを感じていただけである。

私は一年乙組に入れられていた。同期生には、学者の子供が多かった。後に学者に

なった者も多い。阪大の川崎近太郎氏、木村英一氏、京大の西村英一氏、多田政忠氏、福田正氏、名大の真下《ました》信一氏、新村《しんむら》猛氏、大阪市大の谷口知平氏。数え出せばきりがない。三高以来、私と同じ道を歩きつづけることになった朝永振一郎《ともながしんいちろう》氏も一年上にいた。

長兄芳樹はすでに三高の学生だったが、次兄茂樹が三年にいた。弟たちは二人とも小学生だった。

この学校へ入ると同時に、私はすぐれた教師と、いい友だちとを、一度にたくさんめぐまれたわけだ。

古い教師には学識の深い人が多かったし、若い教師たちはまだ京大を出たばかり、やがては学界に名をなすべき人が数多く教えに来ていた。上級生や同期生の中には、小説家や詩人になった者も何人かある。学者になった者の名は、列挙することもむずかしいほどだ。そして、それらのすぐれた教師たちや友人たちを、静かに見守っているのが森外三郎先生である。

この校長の自由主義が——いや、自由放任主義が——生徒たちをのびのびと育てていた。

このような環境は、鬱屈《うっくつ》した少年の気持を、当然、解放してくれていいはずだ。面白いクラスメイトもいる。ユーモアに富んだ教師もいる。数学の竹中馬吉先生などは、授業中に生徒を笑わすことが非常に巧《うま》かった。土佐《とさ》の人で、物理学校出だったそうだが、小さな体を教壇に運ぶと、いきなり、

「欠席している者は手をあげて……」

そのひとことで、クラスはどっと沸《わ》き返る。漸《ようや》く授業が始まると、黒板に向ってチョークで大きな円を描く。これは素晴《すば》しく巧い円形だ。ほとんどゆがみがない。ところが先生は生徒の方をふり向きながら、

「円を描くのは、どうも下手《へた》でかなわん。どうもむつかしい」

と、つぶやくようにぶつぶつ言う。これが、どうだ、巧いだろうという反語なのだ。先生はにやりと笑うし、生徒もまた声を立てて笑う。笑わせながら授業をすすめてゆくことが、実に巧い先生だった。

生徒は親愛感を抱いて、竹中先生を「馬さん」と呼んだ。そう言えば教師にあだ名はつきもので、オトッツァンとか、ホロさんとか、タンポヤとか、それぞれいろんなあだ名があった。解説なしでは分らないあだ名が多い。たとえばタンポヤは、――ひげを生やした図画の先生だ。学校の中に「丹保屋」という文具店があって、そこのお

やじにそっくりだった。だから、この先生もタンポヤにしてしまったのだという風に――

先生にあだ名をつけることの巧い生徒は、頭もいいのかもしれない。茶目っ気も多いのだろう。しかし私は、どうも生れつき、こういう茶目っ気には恵まれていなかったらしい。教師にあだ名をつけたり、友だち同士であだ名を呼び合ったりすることは、悪趣味としか思われなかった。アメリカでは、少し親しくなると、たがいにファースト・ネームを呼び合わねばならないようになっているが、私はこれも大きらいである。人を呼びすてにするのも、人から呼びすてにされるのも、どちらも不愉快だ。森校長をいっぺんに尊敬するようになったのも、

「君たち中学生を紳士として扱い〝君〟をつけて呼ぶ」

といわれたのが、気にいったのかもしれない。

ドイツ式のヘル・プロフェッサーは、ていねいすぎて、かえって皮肉にきこえるが、ぞんざいに扱うことによって親密感を表現しようという気持には、私は内心、いつも反発した。

孤独になってゆくべき理由の一つが、そこにもあったのかもしれない。

一中にだって、いくらか不良じみた生徒も、いなかったわけではない。もっとも、不良といったって、たかは知れている。

当時、一中の生徒は白い布地のゲートルをはいていた。はぎの外側で合わせて、ボタンでとめるようになっていた。ゲートルの末端は、正しくはけば靴に密着する。いささか生意気な生徒は、これを短くはくのである。すると靴とゲートルの間から、靴下の色がのぞくのだった。いや、靴下をのぞかせるために、出来合いを買わず、わざわざ短いのを注文する者もいたらしい。それが当時の中学生に出来る、せいいっぱいのおしゃれだったのだろうか。

喫茶店などというものは、今日のようにはなかった。中学生では茶屋酒をのむ者はもちろんない。いくらか生意気な生徒が、ミルクホールに出入りするぐらいである。

ミルクホールも、今ではなつかしい呼び名になってしまったが、大学や三高の近くには何軒かあった。ガラス戸の外に、白いのれんをかけた家で、当時としては、いくらかモダンなふんいきを持っていたものだ。そこにある飲物といえば、牛乳に、ミルクセーキ、コーヒーにサイダーぐらい。コーヒーは五銭もしたであろうか。

乱暴な生徒もいることはいた。冬など、破れかけた校舎のはめ板をはずして来て、気前よくストーブにくべる。こわれかけたイスや机も、暖房用の燃料にかわった。いや、もっとひどい生徒がいた。私が一中を去ってから後のことだが、化学の先生の持っている出席簿を盗み出し、校舎の床下で焼いた生徒がある。もちろん、この生徒は相当な処分を受けたそうだ。

私自身はしかし、中学へ入ってから一層無口になった。友だちとつきあわなかったわけではない。いろいろなスポーツにも、参加した。要するに、自分の中に少年ながらの内面世界が開かれただけである。今から思えば偏狭に自分を守ろうとする少年であったようだ。そして私が頻繁《ひんぱん》に出入りしたのは、静思館——外見はやはりみすぼらしい図書館であった。静思館の入口には、命名者である内藤湖南先生の扁額《へんがく》がかかっていた。

元来、波立ちやすい心情の持ち主である。小学校六年の時の心性観察表にも、「着実」とか「推理正確」とかいう言葉と一しょに、

「少しぐらいのことに泣かぬようにすること、はなはだ涙もろし」

と、書かれている。

感受性は強く、傷つきやすい。心の平静を失うまいとすれば、私はどうしても、人との接触を少なくする必要があった。

いわば、中学に入ると共に、深く広い海にこぎ出した私は、協力者も仲間も少なく

することによって、自分の自由を確保しようとした傾向がある。といっても、何処《どこ》へむけて、どの方向にかじを取ってゆくか、そんな目標はまだなかった、いわばまだ、海に乗り出したばかり、スクリューもまわっていない舟である。

私はあまり、目立たない存在であった。級友は私に、「権兵衛《ごんべえ》」というあだ名をつけた。

私はそのころ、こんなあだ名が大きらいだった。が、中学を出てしまうと、だれもそんな呼び方はしなくなった。

二、三か月前、一中時代の同級生、岩崎丙午郎《へいごろう》君と話す機会があった。初めて彼と行き会った時から、すでに四十年近い歳月が流れている。その間、二人はそれぞれ別の道を歩いて来たわけだ。が、顔を合わすと途端に、中学時代の記憶はよみがえった。当時、私はまだ背の低い少年であった。岩崎君はむしろ、背が高かった。私とちがって、活発な性格だったように思う。

久しぶりに会って、ひと晩、思い出を語りあっているうちに、彼の口から友人の話が出た。教師の話も出た。それから唐突に私のあだ名が転がり出した。私はおどろいた。思いがけないものにめぐりあった気がした。私は長いこと忘れていたのだ。嫌いであったから、殊《こと》さら忘れようと努《つと》めていたのでもある。けれども今になって見ると、その名は一種皮肉な、なつかしい響きさえ持っていることに気づくのだった。そこには、自分だけの世界に住んでいる人間の安らかさがあるようだった。

中学を出て十年余りののち、私は、私の研究を発表した。私はその研究の正しいことを、世界の学者たちに認めてほしかった。それが正しいのなら、世界の人びとが容認してしかるべきだと思った。が、――私の理論が認められるということが、現在私の上に襲いかかって来ているように、こんなにも大量の、大小さまざまの負担というか、雑用というか――とにかく学問の研究には最も大きな障害となるものを、もたらそうとは、全く予想していなかったことである。学問というものが、広く深い意味で、常に人間のためにあることは認められねばならない。思いがけない社会的関連も、生じるであろう。しかし、学問を尊重する気持が国民の間にあるのなら、学者はなるべく研究室に置いて、ことさら繁雑な世界にひき出さないようにしてほしいと思う。これは、私一人の注文ではないだろう。多分、多くの学者たちの切ない望みだと思って、代弁しているのである。

私はもうずっと以前に、「名なしの権兵衛」ではなくなってしまっている。だれも、私をほうって置いてはくれない。利用価値があると思われること自体は、私に取って嬉《うれ》しくないことはない。しかし、それが私にとって重荷であることもまた否定出来ない。

――私はいま、大学の研究所のイスに、窓にしのびよる夕方の気配《けはい》を感じながら、じっと座っている。自分が目立たない少年であった時代を、思い起しているのである。目立たないということは、なんと平和でおだやかな状態であることか。

隣室の、タイプの音が消えて、もう大分時間が経《た》つ。毎日、私の仕事を手伝ってくれている人も、そろそろ帰宅する時刻であろう。部屋はいくらか冷えて来たようだ。風も出ているのであろうか。窓ガラスに映る木の枝の揺れが、せわしい。私の目には、大学からの帰り道、時々見かける少年たちの姿が浮んでいる。それは、風の走る街角であったり、淋《さび》しい、小さな社《やしろ》の鳥居の下であったりしたが。――

たそがれて子等なお去らぬ紙芝居少年の日は遠くはるけし

京の山々には、かずかずの思い出がある。

そこはかのうれひある日の帰るさはいやなつかしき京の夕山

比叡《ひえ》の山窓にもだせり逝《ゆ》きし人別れし人のことを思へと

どちらもずっと、後になって作った歌である。

少年時代の私は、しばしば友だちと京の山々に登った。吉田山《よしだやま》や大文字山《だいもんじやま》は、散歩といえるぐらい楽だった。叡山《えいざん》にもいろいろな道をつたって、幾度登ったことだろう。白河道の七曲り、熊が出るという道や、きらら坂の急な上り道。山を登っていると、私は心が晴れるようであった。

中学校では、時々、うさぎ狩りというのが催《もよお》された。岩倉《いわくら》、松《まつ》ヶ崎《さき》方面の裏山には、そのころ野うさぎがたくさんすんでいた。いい場所を選んで、山の上の方に大きな網を張るのである。生徒たちは横隊を組んで、雑草や灌木《かんぼく》の間から、うさぎを追い立てながら上ってゆく。

「ホーイ」

「ホーイ」

という声が、遠く近く、こだまする。と、思いがけない木の茂みから、茶褐色のうさぎが、まりのように転がり出すのだ。横隊はそれを、まっすぐに網の方角に追いつめる。

これは中学生にとって、楽しい行事だったはずである。が、私は一度でうさぎ狩りがきらいになった。それは、捕ったうさぎの処理が、むごたらしいものだったからだ。網にかかったうさぎを、上級生がつかみあげる。それから機械のような正確さで、うさぎのひざを折るのである。夕方近い山の中で、骨を折る音が異様に高いひびきを伝えた。

私は、なんともいえない不愉快な気分になった。

ふと見ると、近くのくさむらには、細い花びらが散りしいている。一瞬救われたような気になったが、近づいて見ると、それは、むしり取られたうさぎの毛であった。級友たちは、にぎやかにうさぎを担《かつ》いでひきあげてゆく。私は一人、満たされない気持で、その中に加わっている。漸《ようや》く学校に帰ると、――これからがまた、ひと騒動なのだ。

校庭の一隅には、いくつかのたき火用の穴が掘られる。

とって来たばかりのうさぎは、いつの間にか、うす赤い肉片に変っていた。うさぎだけでは足りないから、すでに豚肉も買って用意してある。赤々と燃え上る火の上になべをかけて、豚肉も、うさぎ肉もほうり込まれる。どろりと濁ったかす汁である。

ようやく陽が沈んで、辺りが暗くなり始めるころ、たき火を囲んだ生徒たちがうさぎ汁を食い、その日の収穫にはしゃいでいる。空腹の私に、かす汁はうまかった。しかし心の底から楽しいのではなかった。たき火のはぜる音にも、あの、うさぎの足を折る時の音が、まざまざと思い出されるのである。

――私はそんな中学生であった。

京都という町は、三方山にかこまれながら、中学では水による鍛錬が非常にさかんだった。

学校には、ボートが六隻《せき》あった。一年の時、全員に漕法《そうほう》を教えるのである。夏になると、水泳の講習が行われた。場所は三重県の津市《つ》。講習は私の入学前から、私が一中を去って、ずっと後まで、ずいぶん長いこと続いていたらしい。八月の三週間、百人ぐらいの生徒が、寒松院の本堂に合宿した。藤堂高虎《とうどうたかとら》の墓所である。古い大きな松が繁り、夜ごとに五位さぎが、不気味な声を立てて鳴く。白いふんが、庭の上に点々と散っている。そんな寺である。――

泳法は観海流《かんかいりゅう》だった。日本伝来の泳法である。「海を観ること陸の如《ごと》し」というのが極意であった。スピードなどは、問題ではない。遠泳といっても、海の中に浮いているばかり。昼の三十分だけ舟の中にひき上げられて、熱いかゆを食べたが、三十分がすぎるとまた海の中だ。三時のおやつも、舟から支給されるあめ湯を、海の中でのんだ。こんな風に、水につかっていられる耐久力が重要なのだろう。一年生は五十町、二年で三里半、三年で五里というのが、その時の遠泳の基準である。

寄宿舎の舎監で、谷岡先生という人が、毎年必ず監督に来られた。「おとっつぁん」というあだ名の通りの人だった。

谷岡先生は一中構内、正門を入ってすぐ右手にある官舎に住んでいて、年ごろの娘さんがあった。悪童どもは、時々その娘さんをからかったりしたものだが、——谷岡先生は津にいる三週間、砂浜にいるばかりで一度も海へ入らない。生徒たちは、あれが本当の観海流だなどといっていた。

「自分で泳いでいたら、百人あまりの生徒の全部に、目を配るわけにはゆかない」

というのが理由だったようだが、とにかく真夏、焼ける砂の上にいて、海に浮ぶ少年の頭ばかり見てくらすことは、ひと通りの忍耐力では出来ないように思われる。この先生の監督が行きとどいていたからであろうか、何十年か続けてこの浜へ来る京都一中の一行には、一度も事故が起らなかった。

この先生は、時々、訓辞をした。その度に、忘れずにいわれるのは、

「みんな、観音様へ行ったらいかん」

生徒は一日じゅう泳いで、夜はのどが渇く。市中の観音様の境内《けいだい》は、夜はことにににぎやかで、よしず張りの氷屋が何軒も店を出している。「観音参り」とは、生徒の間では、氷水をのむということを意味していた。先生はそれを阻止《そし》しようとするのだが、私も一年の時、友だちに誘われて観音様の氷水をのみ、腹をこわして困った。しかし、それでもこりず、観音参りをした。

小遣《こづか》い銭《せん》は、最初に先生にあずけてしまう。それを一週間に一円ずつ支給してもらう。すると、日に十五銭弱だ。自習時間につかう文房具も、不足すればこれから支出しなければならない。内緒《ないしょ》で氷水をのむぐらいが、せいいっぱいの小遣いだった。

この合宿には、長兄芳樹も一中在学当時は毎年参加した。私も一年も欠かさなかった。いや、中学を四年で終えた私は、その翌年もまた一行に加わり、助教の免状までもらった。そんなくらいであるから、水泳の思い出は多い。しかし今でもはっきり思い出すのは、遠泳でずっと沖へ出て、ふと気づくと、黒雲が厚く頭の上におおいかぶさっていた時の不思議な気持である。一種の恐怖感に違いないが、同時にそれは、底知れぬ孤独感でもあった。

遊びや運動の話が大分つづいたから、そろそろ勉強の話にもどろう。

といっても、私は勉強家ではなかった。毎朝四時に起きて、朝飯までの間を熱心に勉強するというようなことはなかった。早く起きるのは一番苦手で、母が起しにきてもなかなか目が覚めない。母はいつも、

「秀ちゃんは寝ごい」

といって笑っていた。「寝ごい」というのは、朝になって、眠りが深くなるというほどの意味であったろうか。

父が子供に勉強を強《し》いたことは、一度もなかった。自分の素質や好みに合った学問を、深く追究することを、子供たちにも望んでいたのであろう。学校の席次のための勉強などは、最も愚劣なこととしていた。私は幼年期には父を怖《おそ》れ、少年期には、父に対する批判を無言の中に表現したこともある。しかし、学校の勉強をしろといわない父は、私の好きな父であった。

実際、私は試験のための勉強には、余り熱心ではなかった。その上、記憶力は余りすぐれていない。「暗記物」と呼ばれている学科では、大して良い成績は取れなかった。その代り、急速に数学が好きになって行った。教え方の上手な、竹中馬吉先生のおかげもあったかも知れない。ユークリッド幾何《きか》を習いはじめると、直《す》ぐその魅力のとりことなった。数学、ことにユークリッド幾何の持つ明晰《めいせき》さと単純さ、透徹した論

理――そんなものが、私をひきつけたのであろう。

しかし何よりも私をよろこばしたのは、むずかしそうな問題が、自分一人の力で解けるということであった。幾何学によって、私は考えることの喜びを教えられたのである。何時間かかっても解けないような問題に出会うと、ファイトがわいてくる。夢中になる。夕食に呼ばれても、母の声は耳に入らない。苦心惨憺《さんたん》の後に、問題を解くヒントがわかった時の喜びは、私に生きがいを感じさせた。

幾何の教科書に出ている問題は、どんどん先の方まで解いてしまった。いろいろな参考書や問題集を買ってきて、片っぱしから解いて行った。秋山武太郎という人の「わかる幾何学」という本が、そのころ出版された。西洋の数学者に関するエピソードが、チョッピリ入っていた。この本が一番面白かった。

代数も好きであった。小学校の算術に、ツルカメ算などというのがある。まるで手品のような巧妙な工夫をしないと、答えが出ない問題だ。それが代数では、答えを未知数エックスと書くことによって、苦もなく解ける。論理のすじ道を真直ぐにたどって行けばよい。

とにかく頭が単純で、その代り徹底的に物事がわからないと気がすまなかった当時の私には、数学が一番、性に合っていたのである。

しかし今になって見ると、私は数学者にならなくてよかったと思う。数学者としては、おそらく大して成功しなかったであろう。そう思う理由は、あとで述べる。

幾何学《きかがく》に熱中したのにくらべると、物理学に対する興味は、まだ私の中にはわいていなかった。教科書は、簡単であった。もちろん、それは読めば分る。が、分るのは書かれている事実だけである。その奥にあるものは、考えれば考えるほど分らなくなる。未知の世界は、茫漠《ぼうばく》としていた。手がかりはなかった。いや、何を、どう考えてゆけばよいのかさえ、私には分らないようであった。

参考書にも、手ごろなものはなかった。学校でやる実験も、私には満足出来るようなものではない。興味がわき起らないのは、当然であったかもしれない。

学校で特に苦手《にがて》だったのは、用器画と体操であった。ボートも水泳も野球もやっていたくらいだから、体操といっても徒手《としゅ》体操なら問題はない。ただ困ったのは鉄棒である。

一年に入った早々、同級にいる松浦という背の高い男が目についた。背が高いばかりではない。骨格からして大人のような生徒。背は低く、まだ童顔の私から見れば、なんとも手出しも出来ないような大人である。松浦君は一度鉄棒にとびついたら最後、しり上りはやる、ひじ掛けはやる、あの大車輪という危険な、——と、私には思われた、——運動を、一分のすきもない確かさでやって見せるのである。大きな身体《からだ》が、見事に一直線にのびたまま、ひと握りの鉄棒を軸《じく》として空に回転する時、私は目がまわるように感じるのだった。

私は自然、あとずさりすることになる。

「小川、やってみろ！」

と、先生に指名されるのがいやさに、他の生徒のかげに、隠れるようにしていた。

そして時間があると、私は静思館に出入りした。読書は強烈な欲望であると同時に、ある意味では、自分だけの世界にとじこもる最良の方法だったかもしれない。

静思館では、西洋の歴史に関する本をよく読んだ。家へ帰ると、硬い茶色の表紙がついた新潮社版の外国小説の翻訳を、手当り次第に読んだ。一時、吉田紘二郎《よしだげんじろう》という人の、散文にひかれた記憶がある。この人の持つ感傷は、妙に共感を誘った。

一方でロマン・ローランの「ジャン・クリストフ」に感激しながら、他方で西行法師《さいぎようほうし》の「山家集《さんかしゆう》」を愛唱したのは、もう少し後のことだろうか。中学の上級になって、正宗白鳥《まさむねはくちよう》氏の陰鬱《いんうつ》な小説を読みふけったこともある。

が、——人生について、漠然《ばくぜん》と考え始めたのは、やはりトルストイの「人生論」あたりが契機となったらしい。

この本を読んだのは、まだ中学の初めのころであった。この人の人道主義は、すぐには私の中に深く根をおろしはしなかった。いや、たとえ根をおろしたとしても当時はまだ、芽を吹いて、伸びてゆく下地が出来ていなかった。しかし、物を思う一つの動機になったことは、否定出来ない。


少年が、当然一度はつき当るべき暗礁《あんしょう》——人生とは何か？　という問題を、私に向って提起した者は、たしかにトルストイだった。

今では「人生論」の中に、何が書かれていたか、具体的には思い出すことも出来ない。改めて、読んで見ようとも思わない。が、私もまた考え始めたのである。「人生とは何か?」と。

少年期のこのような思考の第一の段階は、人間には悩みがあると、気づくことである。次には、自分の心の中から、悩みをとりあげて見るようになる。意識的に自分の悩みをとりあげて見る時、その少年は自分の内部だけではなく、この世の中に、この世の中のありとあらゆる人の内部に、悩みのあることに気づいているのである。

中学校に入って、新しい友だちが全く出来なかったわけではない。しかし、互いに傷つけ合うことは哀《かな》しいことだと気づいた時、私はやはり人との接触をなるべく避けるようにした。人は孤独であると思う以前に、自分は孤独であると思うようになった。学校の行き帰り、荒神橋の辺りから見る比叡《ひえい》にさえ、どこか孤高の趣きを見た。あるいは見る人の気持が、山にも映るのかもしれない。比叡は、孤独なゆえに私には親しく思えるのである。

少年のセンチメンタリズムではあろうが、そのセンチメンタリズムが、五十を越した今の私の中にも残っているのは、ちょっと奇妙なことである。

家には兄弟がいた。

一番上の姉が東京に嫁《とつ》いで、家の中は人数が減ったが、男兄弟は育つに従って、それぞれ自己主張が激しくなって行った。いくらか理論的にもなる。

兄弟たちとは、私もいろいろと話し合った。

意見が合わないと、激論になった。いや、議論でも解決がつかないと、やがてけんかになった。相手は多くの場合、すぐ上の兄、茂樹である。

この兄は、私の知らない様々のことを知っていた。友だちからも教師からも、いくらでも新しい知識を吸収して来るのだった。私がトルストイの「人生論」を読むようになったのも、この兄が友人のトルストイアンから仕入れて来たもので、私を煙《けむ》にまこうとしたからだった。トルストイの影響は、当時の青年層に大きかった。私の中学の同級生にも、後に武者小路実篤《むしやのこうじさねあつ》氏の「新しき村」に入った者がいる。

兄茂樹の議論は、大抵、すじが通っていた。しかしそうと分ると、私はなおさらそれに反論したくなった。結局、言いまかされて、腕力に訴えるのは、小さい方の私だった。二人の間にけんかが起ると、いつも長兄芳樹が仲裁に入った。それがまた乱暴な方法である。

口をきいて、弟たちを納得《なっとく》させようとはしなかった。とっくみ合った二人のそばに歩みよると、芳樹は両の手をそれぞれ二人の弟の後頭部にあてがい、いきなり弟たちの頭と頭を、こつんと突き合わせるのだった。

痛い仲裁であった。くやし泣きに、泣き出すこともあった。そして私は、結局はまた自分一個の中にとじこもろうとするのだった。

波と風と

このような気質上の傾向というものは、結果的には私に対する周囲の人たちの理解を、私自身が拒否することになっただろうか？

父琢治《たくじ》は、私のことを独断的な人間だと言った。

「秀樹は、何を考えているのか分らん」

兄たちは、私よりは開放的であったのだろう。弟の環樹《たまき》は、素直な性分で、家ではいっそう信用があったようである。男五人兄弟の、まん中の私だけが、陽の射さぬ谷間であったのだろうか。その谷間の底を、どんな冷い風が吹きぬけているか、あるいはどんな水が流れているかは、父親にさえ見通すことは出来なかった。

「子を知る者、親に如《し》くはなし……という言葉も、父と秀樹との間では、あてはまらなかった」

と、兄の芳樹《よしき》が述懐したことがある。あるいはそうだったかもしれない。

私には兄弟と同じく、寝床の中で本を読む悪習が出来てしまっていた。本を読み疲れた時、ふっと思いを未来に走らせることがあった。時には、まだ悩みの少なかった幼年期を思ったりした。すると、きまって記憶の中によみがえって来る風景があった。河原町に、初めてガス灯を見た時の、胸のふくらむような思いである。

小学校に入るよりも、まだ大分前のことだった。秋だったろうか。通りには、風が吹いていた。こまかな雨が、えりにしみるようであった。叡山《えいざん》はもううす墨《ずみ》色になっていて、その山肌から夜が降って来るようであった。

私は商店の軒に立っていた。母が一しょだったのかどうか、覚えていない。私の目の前を、家路を急ぐ人が往き来していた。その夕ぐれ時のあわただしさの中で、私の耳は、ふと、一群の子供たちのしゃべり声をとらえた。私はふり返った。すると、背の高い一人の男をとりかこんで、十人ほどの子供たちが、嬉々《きき》として叫び合いながら近づいて来るところである。

子供たちの中心になった男は、小さなはしごを持っている。長い棒を持っている。肩からは缶《かん》のようなものを下げていた。一団は、私から四、五メートル離れたところに立ちどまった。そこには、出来上ってからまだいく月もたたない、ガス灯の柱が立っていた。

「うちに、させて！」

というような、女の子の声がひびいた。すると、男の子たちも、男の手から棒を奪おうとする。男は子供たちを制して、棒の先をガス灯にのばした。すると、青い灯《ひ》が、ぽっとともるのだった。こまかい雨のために、灯のまわりが、径一メートルほどの明るい球体に見えた。その中に、流れる雨が光るのである。

「わあっ」

という嘆声が、子供たちの中に起る。

すると一団は、また背の高い男を中心にして、次のガス灯を目ざして歩いてゆくのであった。

暗くなりかけた町に、一つ一つ灯のついてゆく様は、幼い目には幻想的でさえあった。男はどこまで、灯をともしにゆくのだろう。点灯夫は、魔術師であった。そして私には、次々と灯の入るガス灯の列の彼方《かなた》に、何か未知の世界が開けてゆくようであった。

――その時の記憶は、もう遠い。私の中にはすでに、厭世《えんせい》的なものが、次第に根を張り始めていた。

私は父を敬遠した。兄とはけんかした。親しい友だちは少なかった。しかし、私がだれからも好かれていなかったというわけではない。父方の祖母も、母方の祖父母も、そろって私をひいきにしてくれた。母とはいつも気持がよく通じあった。末弟の滋樹《ますき》は一番私になついていた。私も次弟の環樹も小学校へ通うようになって、「滋ちゃん」一人が家に残っていたころのことが、時々なつかしく思い出される。

滋ちゃんは毎日、私が学校から帰るのを今か今かと待ち受けている。私が内玄関の格子戸《こうしど》を開けて、

「ただ今」

というと、滋ちゃんは大喜びで内玄関の障子を開けに走ってくる。その間に私は、そのまま下をまわって、台所の方へ行く。滋ちゃんは私の姿が見えないので、台所の方へ上からまわる。すると私はもう内玄関にもどっている。こんないたずらをして末弟をじらした。それほど滋ちゃんを可愛《かわい》がっていたのである。

この末弟が一人だけ、――今度の戦争の犠牲者として――先にこの世を去ってしまった。

二人の姉のためにも、私は割とよくサービスをした。東京へ嫁入った長姉香代子が初めてお産をするというので、そのころまだ私どもと一しょに暮していた次姉の妙子が、家事の世話をするために上京することになった。そして私がそのお供をすること

になった。折よく学校の休暇の時であったのであろう。

　物心ついて初めて、東京まで旅行ができるのである。人力車二台を連ねて、ひっそりとした京都の町を見おろしながら、駅へ向って行った。私の心は歓喜に満ちていた。

　長姉の家は当時、東京市内の青山《あおやま》にあった。次姉は忙しく働いていたのであろう。私は用事もないので、義兄の書斎の本を引っぱり出して見たり、――近所を散歩して見たり、のんびりとした日々はまたたく間に過ぎて、京都へ帰らねばならなくなった。

　そのうちに次姉も嫁入った。次姉が居る間は、学校友だちが遊びに来て、家の中が時々花やかになった。男兄弟だけが残ると、家の中は急に殺風景に感ぜられ始めた。

　父は気分の変化の激しい人であった。私たちが夕食を終った後に大学から帰ってくる日が度々あった。そんな時には、一合か一合五勺《しゃく》の酒で、一人だけの夕食を楽しんだ。私たちはその周囲に座って見ている。父は実においしそうに、飲んだり食べたりしている。そして上きげんで面白い話を聞かしてくれる。

　父の所へは訪問客が多かった。父はだれにでも、自分の思った通り率直に言う人であった。相手が神妙に聞いている間は天気晴朗であった。相手が父の気にいらぬことをいい出すと、がぜん雲行《くもゆき》が険悪になる。

「何をばかなことをいう」

父の大声が座敷から、私たちの部屋まで聞えてくる。そらまた雷が鳴り出したと、私はいつものことながら冷々《ひやひや》した。

父の激しい性格が、私の心情をそれと反対の方向に向わせるようにしたのであろうか。それとも、幼年時代から私をとりまいていた儒教的《じゆきよう》なものの考え方に、意識的に抵抗したのだろうか。

私は何時《いつ》からか、老子や荘子の思想の中に、何ものかを求め出していた。それまで家で教えられたものは大学であり、論語であり、孟子《もうし》であった。中国の思想としては正統派である。私の多くの兄弟たちは、これらに余り反発せずにすごしたのではないだろうか。東洋史を専門にするようになった兄茂樹も、当時から特に、儒教に反発した様子はないようだ。

しかし儒教は、私には「押しつけられた思想」のように思われた。私がそれを必要としたのではない。批判力もないうちから、与えられたものである。その事実が、まず私を懐疑的にする。

「身体髪膚《はつぷ》、これを父母に受く。敢《あ》えて毀傷《きしよう》せざるは……」

という調子からして、押しつけがましい感じをいだかせる。深遠な思想というものは、そこにはないようだった。

　私はあてもなく、何かを求め出した。父の書斎で中庸《ちゅうよう》を読んだ。これはやや哲学的だった。私は、父がなぜそれを習わせなかったかに疑問を持った。それから老子を発見し、やがて荘子に入って行った。

　私の中に芽生えていた少年期の厭世《えんせい》観が、これらの書物で一歩深くなったように思う。そこには逆説もあったが、私に強くアッピールするものもあった。私はいっそう、私一個の中に閉じこもろうとした。別にそうなるべき事件があったわけではない。具体的には悲観すべき出来ごとはなかった。恋愛をしたのでもない。当時、堅実な家の子弟には、女の子との交際はタブーであった。

　物理学をやるようになってからも、私は仕事が順調にゆかない時など、しばしば絶望的な厭世観におそわれたことがある。ヨーロッパの理論物理学者で、自殺した人が何人もいることを知った。その気持はよく分るような気がした。しかし、私は自分が自殺したいとまで、思ったことはない。

　私の中には、人類に対する、社会に対する、あるいはその社会の構成分子であるところの家族や、知人や、若い研究者たちに対する、責任感がある。この責任感は、人間の空《むな》しさとか、社会が必然的に持っている矛盾に対する嫌悪《けんお》とは、一応別個に存在するらしい。それは「ギブ・アンド・テイク」ではなしに、たとえ受け取るものはなくとも、与えなければならないという義務感のようなものである。無償の行為というものは、ある意味では老荘の「無」の意識にも通じるのかもしれない。

科学に対する信頼によっても、しかし私の厭世観はとり除けなかったばかりか、むしろ反対に、科学的な自然観の中に、厭世観を裏づける、新しい要素さえ見出《みいだ》すことになった。けれども、そんな心理的な状況下でも私を支えて来たものは、自分の創造的活動の継続の可能性であった。もし、その源泉が枯渇《こかつ》したらどうなるか。私の手の内は、もう切り札を持たないカードの群である。そうであればこそ、私は理論物理学にくらいついている。それは人間的な矛盾《むじゅん》や苦悩を越えた調和と単純を求める、潜在意識のしわざなのかもしれない。

老荘思想に心酔していた当時の私には、私たちの尊敬している森外三郎校長の自由主義も、ヨーロッパ的であるよりも老荘的であるように思えた。

私は、老荘に入ってゆく前から、一つの小さな文学的な団体に属していた。「近衛《このえ》」という、同人回覧雑誌である。

この雑誌は、私が一中に入学する前から出ていた。二年上にいる兄茂樹や、桑原武夫氏らが主体となっていたもので、誌名は一中正門前の、通りの名からとったものだった。

何十人かの同人が、それぞれ何枚かの原稿をもちよる。小説あり、随筆あり、論文あり、——何しろ中学生のことだ。先生に対する注文や批評もある。学校への提言もある。目次には大体二、三十人の名がならんで、しかし、その名はすべてペンネームか、匿名《とくめい》である。若さにまかせて、言いたいことを言い、書きたいことを書いたらしい。そういう自由が、一中にはあったのである。

兄たちのいる学年、つまり私より二級上の生徒たちが始めたものだが、それを受けついだのは私たちの学年であった。私たちの一級上には、「近衛」に参加しようというような気風がなかった。一年とんで私たちのクラスが目をつけられ、仲間に入れられた。通巻、何十号出たのだろう。解散する時、主だった同人が一冊ずつ分け合って、だれも大切に保存しているらしいから、そろえてみたら面白いものになるだろう。

表紙は、絵のうまい同人が書いた。カットの入った目次。そして本文は、各自が書いたものを集めて、和とじのように製本するのである。用紙は半紙、毛筆書き細字の原稿が多いが、ペンや鉛筆書きもないわけではない。各原稿の第一ページには、自筆のカットもちゃんとついているというしろものである。

順番をきめて、回覧した。同人は思い思いの場所に、自分の読後感を書きこむ。この批評がまた面白かった。

私はすすめられて、童話を書いたことがある。どんな内容だったか覚えていないが、今見ればどうであろうか。しかし、その内容がどうであれ、意識して童話を書いた時代があるということは、私にとっては記念すべきことだ。——いや、文学的な「美」も、理論物理学が私たちに見せてくれる「美」も、そんなに遠いものではないと、実は今でも思っている。それどころか、暇《ひま》ができたら、童話でも作りたいという気持は、今でも私の心の底に残っている。

川崎近太郎君は当時の親友の一人だったが、「近衛」の編集には特に熱心だった。編集同人は原稿を集めると、編集会議を開く。会議とはいっても、少年らしく闊達《かったつ》な、——時には勝手な、意見の交換にすぎなかっただろうが。

「今度はこれを巻頭にしよう」

とか、

「こいつは余り、巧《うま》くないぞ」

という意見なども、出ただろうか。

配列がきまって、目次を作る。その時分には編集同人たちは、すでにいっぱしの編集者らしい気持も味わっていたのであろう。但《ただ》し、私自身は、編集にはほとんど関係しなかった。

老子や荘子の思想は自然主義的であり、宿命論的であった。しかしそこには、一種の徹底した合理的なものの考え方が見出《みいだ》されたのである。一つにはこの点が私にアッピールしたのであろう。というのは、私は、小さい時から、中途半端な物の考え方には満足できなかった。

前に言ったように、京極小学校にいたころ、毎朝、朝礼があった。その後で建部《たてべ》校長が訓話をされた。どんな話だったか、ほとんど全部、忘れてしまっている。が、不思議なことに、その中の一つだけを、今でもはっきりと覚えている。校長先生はある朝、「徹底」という題で話された。いろいろな動物が川を渡った。ほかの動物はみな泳いで渡った。象だけは川の底をふみしめて渡った。これが徹底だという話である。

小学生の私の心の中に、徹底という言葉が、いつまでも強い印象を残した。ただ校長先生の話を聞きながら、もしも象の背も立たないような川があったらどういうことになるだろうかと、子供心にふと疑いを抱いた。

中学生の私は、一方では老子や荘子の逆説を痛快に感じながらも、何かそれではすまされないものがあることを否定できなかった。私の中には青春の血が流れはじめていたのかも知れない。

確か一中の四年生になった時だと思う。生物の時間に進化論の初歩的な解説を習った。教頭の武田丑之助《うしのすけ》先生からである。「ウシやん」というあだ名を、生徒がつけていた、相当の年輩で、たいへん物知りの先生である。話し方も上手であった。

はじめにラマルクの用不用説を紹介された。生物がそれぞれの器官をしじゅう使っていると、それがだんだん発達する。それによって生物は進化して行くというのである。これは私にはたいへん納得《なっとく》しやすい考えであった。ところが先生は、この説はだめだと言われる。生物が生れてから獲得した能力は、遺伝しないから、進化の役には立たないと言われる。

そこで次にダーウィンの進化論の解説がはじまる。生物の同じ仲間同士の間で生存競争が行われる。こういう仕組で生物が進化していくというのである。

この考えは私にはどうもよくわからなかった。家へ帰ってからも気になるので、裏庭を歩きまわりながら、先生の話を考え直してみた。

このころには、私たちはもう河原町に面した家には住んでいなかった。豊岡子爵は自分の住居も借家も売り払って、西賀茂《にしかも》の奥へ引っこんでしまった。その後、杏《よう》として消息をきかなかった。家を買ったのは、確か京都の実業家の山口玄洞氏であったと思う。豊岡さんの住んでいた奥の家の方が広かったので、私たちはその方を借りて移り住んだ。それから間もなく河原町通りが拡げられ、電車が通るようになった。その時に表通りに面した土地は大分削られた。そして細かく区切られて何軒かの店屋になった。大正十年前後の世の中は、今から思うと平穏だったようだが、やはり随分はげしく変転していたのである。

裏庭の一隅は竹やぶである。反対側の台所に近い方はあらい竹垣《たけがき》で仕切られて、鶏《とり》小屋《ごや》になっている。大勢の子供に卵を与えようと、母は数羽の白いレグホンを飼いはじめていたのである。中間のやや広い空地は、私たちがキャッチ・ボールをしたり、砲丸投げをやったりする場所であった。鶏小屋に近いすみに鉄棒があったが、私たちはそれを十分活用したとは言えない。

進化論の話を聞いて帰ってきた私には、キャッチ・ボールや砲丸投げは、全然念頭になかった。何度も何度も、庭の中を歩きまわりながら、生物の進化の不思議を思いめぐらしていた。自然淘汰《とうた》が起るためには、生れた時から適者と不適者の間の差違が存在していなければならない。成長してからの違いを問題にするなら、ラマルク説と同じことになる。そんなら、そういう生れつきの差違はどうしてできたのか。この点についての先生の説明は、はっきりしなかった。しかし、先生がどう言われたにせよ、中学生の乏《とぼ》しい知識で、いくら考えこんで見ても、進化論が徹底的にわかるはずはなかったのである。

ずっと後になって推量して見ると、当時の私は、ほとんど無意識的に、自然界で起る出来事には一つ一つ因果的必然性があるという考え方を、唯一絶対と信じていたのであろうと思う。従って宿命論を唯一の合理的な考え方として、受入れやすかったのであろう。ところが生物のある種類の全体に対して、進化という、合目的的とも見える現象が起る。そこには何か私の単純な考え方では解決できないものがあることを、子供なりに感じ取ったのであろう。

私はこの時まだ、二十世紀初頭に物理学の大変革があったことを知らなかった。私が子供心に唯一の合理的な考え方だと思っていたところのものが、実は十九世紀末までの科学者が絶対に正しいと信じてきた考え方にほかならないことさえ、はっきり認識していなかった。まして量子論とか相対性原理とかいう、十九世紀までのいわゆる「古典物理学」の根底をゆるがす新しい学説が、二十世紀初頭に現われていたことなど、もちろん知らなかった。

しかし、ダーウィンの進化論を理解しようと思って苦しんだという事実は、私の精神の成長過程の中で、重要な意味を持っているように思われる。私の潜在意識は、このころからそれまでとは違った方向へ向って、活発な反応を示し始めていたらしいのである。

少年期の感傷から、青年期のロマンチックな心情へと変貌《へんぼう》し始めていたらしい。後になって考えて見ると、当時の私が、人生の空しさを知りつくした人の知恵を代表する老子よりも、雄大な空想に自分で酔っているような荘子の方にひかれたのも、故《ゆえ》あることであったろう。私の身体《からだ》にも青春の血が流れ始めていたのである。一日も早く一中を去って、お隣りの三高に入りたいという気持が強くなりつつあった。

アインシュタイン博士が日本を訪れたのは、それから間もなくであった。私の中学四年生の二学期も、終りに近いころであった。

雑誌「近衛《このえ》」に童話を書き、幾何学《きかがく》の魅力につかれ、進化論の理解に苦しみ、そして老荘の書に人生を思う。──そんな、一見不統一な少年期の心情というものは、今から思うとむしろ微笑《ほほえ》ましい。いわばレーダーを備えた船が、濃霧の中に目標物を探しているようなものだ。

少年のレーダーは、ある日、ついに何ものかを探り当てた。遠く、はるか彼方《かなた》に。けれども余り遠い存在だったから、最初のうちは、それが自分にとってどんな意義を持つものかを感知することは出来なかった。むしろ、再びそれが遠ざかって行ってから、私はその存在を新しく確認したのであった。

「アインシュタイン博士、訪日」

という記事が、新聞紙面に現われたのは、大正十一年の夏の終り——私の中学四年のなかばごろだったろうか。

アインシュタイン博士の相対性理論は——そのころは、相対律論とも呼ばれていた——理解出来ないままに、日本の民衆の口《くち》の端《は》にも上っていた。石原純《いしはらじゅん》博士などは、早くからこの理論に傾倒していた。日本訪問がきまると、新聞にも雑誌にも、アインシュタインの名が氾濫《はんらん》した。

アインシュタイン博士を招いたのは、改造社だった。この雑誌社は数年前に出版界から消えてしまったが、中央公論社と共に日本の知識層を二分していた雑誌の発行元だ。当時はおそらく社運も隆々としていたのだろう。改造社すでになく、アインシュタイン博士もすでに物故《ぶっこ》された。——

新しく調べて見ると、博士は大正十一年十一月十七日、北野丸で神戸《こうべ》に到着。それより半月も前であったろうか、博士はノーベル賞を授与されたばかりだったのである。神戸港には、長岡半太郎《ながおかはんたろう》、桑木彧雄《くわきあやお》、石原純など、学界の大先輩たちが出迎える。午後上陸、そのまま京都に向い、京都ホテルに一泊。

その数日前に雑誌「改造」十二月号は、この来朝を記念して、ぼう大な「アインシュタイン号」を出している。博士の論文をトップに、前に記した諸学者のほか、寺田寅彦、小倉金之助など十五氏が、それぞれ博士について、あるいは博士の学問について語っている。

いや、——執筆者の中にもう一人、私の逃すことの出来ない学者の名がある。京大教授玉城《たまき》嘉十郎先生だ。私が京大に入って、理論物理学をやることになってから、ずっとお世話になった先生である。もっともそのころ中学四年生だった私は、まだ玉城先生の名は知らなかった。

アインシュタイン博士は、京都ホテルに一泊して、すぐ上京した。神戸まで出迎えた日本の学者たちも、もちろん同じ列車で東上。それ以後は連日のように、博士の記事と写真とが、新聞紙上をにぎわしている。

慶應義塾《けいおうぎじゅく》での最初の講演は、休憩をはさんで五時間に及んだという。聴講者は一千名ぐらいがいいという博士の希望も、熱心な聴衆をこばみきれず倍以上に達したらしい。日本には理論物理学を専門にする学者はほとんどいなかった当時、一体、なにがこんなに多くの人々をひきつけたのであろうか。

私はまだ物理学に十分大きな興味を持っていなかった。数学の勉強に、より熱心であった。

そのころはまだ、物理学者の著書が専門以外の人々にも読まれるということは非常にまれであった。その代り哲学方面の書物が、盛んに出はじめていた。岩波書店の哲学叢書《そうしょ》が、もう何冊も出ていた。西田幾多郎《にしだきたろう》博士の「善の研究」はずっと前から、多くの若い人々を感激させていた。哲学者の田辺元《たなべはじめ》博士の「最近の自然科学」が哲学叢書の一冊として出たのは、このころであったろうか。この中に「量子論」という言葉が度々出てきた。私には何のことだかさっぱりわからなかった。しかしそこに、何か神秘的な魅力を感じはじめていた。そして量子論の創始者、マックス・プランクにほのかな尊敬の念を抱きはじめていた。

物理学者は当時は、ジャーナリズムとは、ほとんど無縁な存在であった。しかし石原純博士は例外であった。理論物理学の新しい動向について、盛んに雑誌や新聞に書いておられたようである。「相対性原理」という大きな書物も出ていた。私にはそれはまだ猫に小判であったが、アルバート・アインシュタインの名は、いつしか私の耳にも入っていた。

私の潜在意識は、理論物理学の方へ向って、徐々に活動を開始しつつあったのかも知れない。そのせいか、四年生になってからは、物理実験に熱心になっていた。

二人が一組になって物理実験をやった。私の相棒は工藤信一良《くどうしんいちろう》君であった。湿度の測定の実験をやっていた時のことである。

エーテルを急に膨脹《ぼうちょう》させると蒸発《じょうはつ》して温度が下る。容器の金属の表面に露ができる。この時の温度と室内の温度をくらべると、空気の湿度がわかる。そういう仕掛《しかけ》である。私はこの実験にうまく成功した。非常に愉快であった。

その時、工藤君が突然、

「小川君はアインシュタインのようになるだろう」

と言った。

その瞬間私は何のことかわからなかった。私はまだ自分が理論物理学者になるだろうとは、全然思っていなかったのである。物理実験の時間が終ってから、工藤君の言葉を思い出した。私は何となくうれしくなってきた。私はまだ自分が何であるかを知らない、混沌《こんとん》たる存在であった。荘子に出てくる、目鼻のつかない混沌であった。

私の年級には、もっとはっきりと目に立つ生徒が何人もいた。谷口知平君は、ほとんどいつも、首席で通した折紙つきの秀才であった。市村文雄君は野球の選手をしながら、頑張って首席になったこともある。井手成三君も三年ころから頭角をあらわして来た。湯浅佑一《ゆういち》君も秀才であると同時に、ランニングや野球の選手でもあった。私は数学がよく出来るという以外、まだ何ものでもなかった。

アインシュタイン博士は、私からは余りにもかけはなれた偉大な存在であった。工藤君の言葉は、現実とは何の関係もないように思われた。それにもかかわらず、工藤君の一言は私の舟を取りまいている氷に、目に見えぬひびを入らせたようであった。

フランスの詩人、シュリ・プリュドムの有名な詩に、

花びんが扇で軽く打たれた
それは目に見える傷を生じなかった
時がたつにつれて、ひびわれは成長していった。
ある日、花びんはひとりでに砕けた

というのがある。いまこの文章を書きながら、私はふとこの詩を思い出した。

アインシュタイン博士は東京から仙台へ、また東京へと講演旅行をつづけた。そして十二月にふたたび京都へ来た。公会堂での講演は超満員の聴衆を前にして行われた。人の集りの悪い京都、ことに相対性原理という難かしい話である。平生《へいぜい》すばやい反応《はんのう》を示さない京都の人々も、アインシュタインの魅力的な風貌《ふうぼう》にとらえられたのか、それとも珍らしい初物には必ずとびつく、京都人の特異性が、この場合にも発現されたのか。

いや、そんなことではあるまい。相対性原理と、そしてその創始者のアインシュタイン博士とは、二、三年前から世界のあらゆる文明国の人々の共通の話題となっていたのである。日本も、そして京都も、その例外でなかっただけである。

しかしこれらのことは、私が後で知り、後で考えたことである。当時の私は工藤君の言葉を聞いても、すぐにはピンと来なかったくらいである。アインシュタインが折角京都で講演したのに、私は聞きに行かなかった。講演がいつ、どこであるかさえ、よく知らなかったのである。三高へ入ってから私の同期生となり、後に数学者となった小堀憲《こぼりあきら》君は、講演を聞いたそうである。

私はどうしてそんなにうかつだったのか。一言にしていえば、私は自分の周囲の小さな世界以外で起っている出来事に無関心であっただけでなく、自分自身が何物であるか、自分自身の中にどのような変化が起りかけているかについての、自覚もなかったのである。

アインシュタイン博士は、やがて日本を去ってヨーロッパへ帰っていった。それから十数年の歳月が流れた。昭和十四年、三十二歳になった時、私は初めて外国へ旅立った。私の行く先はヨーロッパであった。ブリュッセルで開かれるソルベー会議に招かれ、そこで中間子理論について講演するのが、第一の目的であった。相対性理論は、もはや理論物理学の中心問題ではなくなっていた。素粒子論《そりゅうしろん》がだんだんと中心点に近づきつつあった時代である。アインシュタイン博士自身も、ヨーロッパにはいなかった。

しかし運命は皮肉であった。第二次大戦が勃発《ぼっぱつ》したのである。ベルリンにいた私は、その直前に引揚げることにした。ソルベー会議その他、私が出席するはずの国際会議は、すべて無期延期になった。私たちを乗せた靖国丸《やすくにまる》はアメリカをまわって日本に帰ることになった。私は途中、ニューヨークに上陸した。そしてプリンストンのアインシュタイン博士を訪れたのである。初めて見る博士はもはや白髪の人であった。

戦後、私はふたたびプリンストンを訪れ、アインシュタイン博士に何度も何度もお目にかかった。そして年とともに、博士を敬愛する気持は深くなっていった。アインシュタインが一般相対性理論を通じて表現した高遠な思想を、どういう風に形を変えたら、素粒子の世界に再生できるかと、私はこの二、三年来思いなやんでいるのである。

もう一度、博士に会いたい。しかしそれはもはや絶対の不可能事となってしまった。

――

エピソード

何ごともなく通りぬけて来た草原に、実は深いおとしあなが掘られていたのだと聞かされたら、人はみな、あとから身ぶるいをするだろう。おとしあなは大きく、落ちれば助かりようもない。しかもその上にはつる草がしげって、すぐ近くを歩いても、それと気づかない。——

私の平坦《へいたん》な過去にも、思いがけない危機はあったのかもしれない。けれども、それを聞かされた時は、すでにその時から、三十何年も経《た》ってしまっていた。だから危機の実感は乏しかった。私には、どうも信じられない節《ふし》がある。しかし、母が人に話したことがあるのだそうだから、私もいちがいに否定するわけにはゆかない。やはり一つの挿話《そうわ》として、つけ加えて置くべきだろう。考えようによればこの挿話によって、私の人生にもいくらかの陰翳《いんえい》が出来ようというものである。

私は当時、何も知らなかった。若草のしげる野を歩いていて、たとえ草いきれがいくらか重く胸を圧《お》したとはいっても、その野の真中に、大きなおとしあなのあることには、少しも気づかなかった。だからこの事件を「私は……」という形で書きつづけることは出来ない。

自伝としては奇妙な形式かもしれないが、この部分だけは、まったく三人称で書いておくことにする。そうしたほうが、私という人間を、客観的に書けるという便宜《べんぎ》も考慮しての上である。――

アインシュタイン博士の来朝より、大分、前のことだ。

小川琢治《たくじ》の家では、養父駒橘《こまきつ》はなくなっていた。長女香代子につづいて、次女妙子も東京へ嫁いでしまった。残っているのは、男の子ばかりである。

三高にいる長男芳樹は東大へ進学するつもりでいるらしい。その希望が実現すれば、家にいる子供はまた一人減るはずだ。家の中は、だんだんと寂しくなる。次男茂樹につづいて、秀樹、環樹《たまき》、滋樹《ますき》らの子供たちは、一体どの方向に進もうとしているのだろうか？

琢治は、子供たちの一人一人に、それぞれ特徴と長所とを発見していた。友だちにも、

「君はいい子持ちだよ」

と、よく言われる。

「みんな、本当に出来がいいから……」

そう言われるとつい、彼らがすくすくと育って、それぞれに一家をなした時のことを想像する。そして思わず、微笑がうかぶようだ。が、この子たちを一人前にするのは、なかなか容易なことではない。そういう心配も、ないわけではない。

琢治は、自分も妻も、いつからか子供全部を学者に仕上げるつもりでいた、と思う。果して、全部の子供にそれだけの力があるか。もしあるとしても、

――それにはまだずいぶん、学費もいるわけだ。

日本の大学教授の収入は、いつの時代でも高《たか》が知れている。二人の娘を嫁《とつ》がせ、五人の息子を大学にまでやって仕上げることは、容易なことではない。

琢治は自分が学者だったから、そして学者であることに誇りを持っていたから、子供たちも学者にするつもりでいたのだ。しかし、学者になることだけが、人間として立派なことか、と思った時、彼は不意に子供たちを見直す気になった。

この考え方は、小川琢治の胸の中に風のようにひらめき、そして、いつまでも後《あと》をひいた。

彼は学問に、その日までのすべてをささげて来た。学者の生活の幸福も不幸も、ほ

ぼ知ってしまった。そして、もはや彼の生涯に、学者でない日々がめぐって来ること
は想像も出来ない。
しかし、こればかりが、人生ではない。
人間には様々な生き方があるのだ。子供たちのすべてを、親の考え方一つで統制し
てしまうことは、あるいは人間として不遜《ふそん》なことかもしれない。一人ぐらいちがった
世界の人間がまじっても、いいことかもしれない。いや、その方がむしろ、自然なこ
となのではないか。もし、自分の子供たちの中にそういう人間がまじっているとした
ら、その子はだれだろう。
琢治の目に、当然のことのように三男秀樹の顔がうかんで来た。
──あの子だけは、他の子供たちとどこかちがっている！
下《しも》ぶくれのした、おっとりした表情。やさしく、こまかい神経。そしてその裏側に
かくれているものは？　それは、他の子供たちにはないほど優れた魂なのだろうか？
それとも──？
──どうも分らん！
と、琢治は首をふって考えるのだ。
──あの子は、何か内側で抑えつけているものがある。それが表にあらわれる時、

しばしば、妙に独断的に見えることがある。五人の中で、一番見通しにくい性格だ。それが私を不安にする。……

事実、琢治は、

「秀樹は何を考えているのか分らん！」

と、口にしたこともあるほどだ。あるいは、学者にしようと思うことが、親の間違いであるかもしれない。もし、間違いなら、秀樹のためには、別の生き方を考えてやらねばならない。——

ある日の午前である。子供たちはみな、学校に行ってしまった。

琢治は書斎の机に向って、本を開いていた。妻が静かに入って来た。

「まだ、お出かけにならないで、よろしいんですか？」

「うむ、そろそろ出かける」

琢治は一度、妻の顔に目をやり、それから首をまわして庭を見た。

新緑が、次第に色を深くしてゆく季節である。庭の植込みが、かぐわしい若葉のにおいをただよわせている。そしてその中に、山吹の花がひと群、噴き上げるような黄にあざやかだった。

「このごろ、秀樹はどんな様子だ」

「………」

返事がないのに気づいてふり返ると、妻の目が、何か不思議なものに行きあったように見開かれていた。唐突な質問に、おどろきを誘われたのかもしれない。

「別に変りもありませんが……」

「うむ」

琢治は、この話はかなり重大な問題だ、と、その時に思った。妻も何かを感じたのかもしれない。その日に、一種不安なものが、動き始めている。が、言い出したからには、自分の話を折ってしまうわけにはゆかない。

「あれはやっぱり、高等学校から大学へゆくつもりでいるらしいか？」

そのひと言を耳にした時、妻の顔がふとあおざめるのを、琢治は見た。

「どういうことですか？　おっしゃることの意味が……」

「分らないか？」

立って次の部屋に入ると、着物を脱ぎ出した。向い合って話していると、妙に深刻な状態に陥《お》ちこんでゆく心配があったからだ。着物を脱ぐと、妻がワイシャツを着せかける。ネクタイを渡してくれる。すっかり服を着終ってしまうまで、琢治は話の先をつづけようとはしなかった。

彼にしても、決定的な意見を持っていたわけではない。むしろ、軽く妻を打診して見るつもりだったのだ。聡明《そうめい》な妻は、どういうわけかと反問しながら、しかしこちらの意図がくめないわけではない。いや、まっすぐに了解したからこそ、顔色もかえたではないか。

子にとって重要な問題は、いつも母にとっても重要なのだ。しかも、秀樹という子は、比較的無口なところといい、物静かなところといい、この母親によく似た子だ。いや、静かな中にも強靭《きょうじん》なものを一筋、はっきりとつかんでいるらしい点も、共通している。

──私の質問は、すでに妻に打撃を与えたのだろうか？

服を着終えると、琢治は再び書斎に入って、持って出るはずのかばんの内容を調べた。また立ち上ると、

「すぐ、お出かけですか？」

強い妻の言葉が、しっかりした調子で背に来た。

「さきほどのお話、どういうことでしょうか？」

琢治はふり返った。それから静かな微笑をうかべた。それは長い間、苦楽を分け合

って来た妻に対するいたわりの微笑のようでもあった。

「また、夜でも話をする」

「はい」

「考えて置いてくれ」

「はい」

妻は、大学へ出かける夫を、玄関まで送って出た。靴をはき終えた夫に、かばんを手渡しながら、不意に言った。

「秀樹も、もちろん大学までいくことと思います」

「…………」

「あの子にだけ、どうしてそんなことをお考えになったのですか?」

「ふむ」

「目立たない子も、あるものです。目立つ子や、才気走った子が、すぐれた仕事をする人間になるというわけでは、御座《ござ》いますまい。かえって目立たないような人間が……」

琢治は、毅然《きぜん》とした妻の声を胸に刻んだ。彼女の生れ、彼女の育ちを思わせる声である。その上に、母親としての強さと、誇りがある。いつもの無口な、ひかえ目な女ではなかった。言葉を切るたびにきりりとひきしまる口は、すぐ次の、自信ある言葉を用意するかのようだ。

「……それに、どの子にも同じようにしてやりたいと存じます。不公平なことは出来ません」


——私だって、子供たちに不公平なことはしたくない。

と、琢治は思った。

「よし、お前の意見は分った。また、夜にでも話そう」

そう言って、家を出た。

妻の意見も、筋《すじ》が通っている、と彼は思うのだ。それはそれなりに立派である。が、自分の考えだって、間違っているわけではない。

——子供を、子供自身にとって一番ふさわしい道に進ましてやることが、親の義務ではないか。

なるほど、小川家では、子供たちをみな学者にするように、知らず知らず仕向けていた。なんの疑問もなく、自分たちは子供を学者にするつもりでおり、子供たちも多分、そう思って日を重ねて来ただろう。しかし今、子供たちは順々に、少年期から青年期に入って行こうとしている。次第に個性を目ざめさせている。一律に同じ方向にのばすことが果して正しいかどうか。親にそれだけの権利があるかどうか。

琢治が三男秀樹を専門学校にやろうかと思い出してから、もうしばらくの日が経《た》っている。学校でも、長男や次男ほどには目立たない子だ。だから彼には、彼にふさわしい道を歩かせようかと考えたまでのことだ。決して不平等というわけではない。五人の男の子に、それぞれみんなちがう道を歩かせたところで、それが五人のそれぞれにふさわしい道であれば、かえって公平といえるだろう。好む者も好まない者も、それにふさわしい者とふさわしくない者も、みんな一つの道を歩かせるとしたら、これこそ悪平等ではないか。――

琢治はその日、子供たちのことを考える時間が、いつもより多いのに気づいた。いや、次の日も、また次の日も、以前に比《くら》べたら子供たちのことを余計に考えている。子供たちが、それぞれの岐路《きろ》に近づいていることが、手にとるように分る。彼らは彼らの人生にとって、いわば決定的な年代に踏みこもうとしているのだ。それを放り出して置いては、――たとえ彼らの知恵と判断力をいかに高く評価するとしても、――親としては怠慢のそしりは免かれまい。

長男の東大進学は、ほぼ決定的と見ていい。次男も三高から、京大に進むだろう。

四男、五男はまだ時間的に余裕がある。だから、いま一番当面しているのは、三男秀樹の問題なのだ。秀樹を専門学校にやろうかと思うことは、やはり親として誠実な考慮の果なのだと、琢治は考える。

その夜、しかし夫妻は、三男の問題について語る時間がなかった。次の日も、そういう機会はなかった。無理に時間を作って、話し合うようなことではない。十分に考えて、夫と妻が最善の答を生み出すように努力しなければ、奇妙な対立が夫婦の中にも生れないとは限らない。それは、どちらも間違ってはいず、どちらも善意から出発しているということのために、かえって解決はむつかしいにちがいない。

ある日、琢治は夕方の研究室を出た。赤れんがの古めかしい色を意識しながら、いちょう並木の間をぬけて百万遍《ひゃくまんべん》に出る。と、いきなり背中から声をかけられた。

「小川さん」

琢治はふり返った。小柄で品の好《よ》い紳士が、そこに立っていた。

「あ、森さん」

一中の校長、森外三郎氏だった。

「いま、お帰りですか？　相変らずお忙しくて……」

「いや」

肩をならべた。

「子供がいつも、御厄介《ごやっかい》をかけています」

「いやいや、いいお子さんで……」

「……」

琢治は思わず相手の顔をふり返った。森校長の口調が、素直で、実に明るかったからだ。

ふと、琢治の中に、一種のひらめきに似たものが走った。

――そうだ、この校長に相談して見るのもいいかもしれない。

十数歩、黙って歩いて、琢治はゆくての町並を見ながら口をきった。

「あなたは、僕の三男、秀樹のことをよく知っていらっしゃるか？」

「ええ、よく知ってますよ」

落ちついた色の電車が、ゆっくりと目の前をすべって行った。家々の白壁が夕陽を照り返して明るい。大学構内の木々は、葉を光らせながら静まっている。学生が往き来している。すれちがいながら、時々帽子を脱ぐのは、彼の講義を聞いたことのある学生なのだろう。

「あの子を、どういう方面に進めたらいいかと、実は少し迷っているのだが……」

「どういう方面に、というと？」

「つまり、普通に高等学校から大学へ進ませようか、それとも……」

「……」

「それともどこか、専門学校でも選ばせようかと……」

森校長は、すぐには返事をしなかった。ふと空を見上げるようにした。夕陽に染まった雲がひとすじ、うすあさぎの空をバックに、刷《は》き立てたように長く伸びていた。

「小川さん」

と、森校長は言った。

「なんでそんなことをあなたが言い出されるのか、私には納得《なつとく》がいかない」

「……」

「秀樹君はね、あの少年ほどの才能というものは、滅多《めつた》にない」

「いやあ……」

「いや、待って下さい。私が、お世辞でも言うと思われるなら、私はあの子をもらってしまってもいいです」

「……」

「私はあの子の教室で、数学を教えたことがある。秀樹君の頭脳というものは、大変、飛躍的に働く。着想が鋭い。それが、クラスの中で、とびはなれている。ほかの学科については、成績表を見る以上にくわしくは知らないが、数学に関する限り……こういう言い方はおきらいかも知れないが……天才的なところがある。これは私が保証する。将来、……いや、将来性のある子だ。あなたが今まで、それが分らずにいたとは、思わないが……」

琢治はまた、空の雲を見た。雲は美しく、火のように燃えて流れていた。

——分らなかったわけではない。

と、彼はふと、胸の中でつぶやいていた。

青春

三高は、一中におとらず古い学校である。明治二年五月一日、大阪の大手前《おおてまえ》に誕生した舎密局《せいみきょく》を、この学校の最初の姿だと考えるなら、今でちょうど九十年だ。その間に、名前はいろいろと変った。京都に移ったのは明治十八年、第三高等学校と名付けられたのは明治二十八年であった。

一中のすぐ北隣りにあった。一中よりもっと前から、「自由」を旗印としていた。だから、地理的に言っても気持の上から言っても、この学校に入ることは私にとって、隣家にひっこしをするぐらいの気安さであった。入学試験も大して苦にならない。数学で点をかせげば、落ちる心配はまずなかったのである。

大正十二年四月、私は三高に入学した。満でいえば、十六歳と二か月だった。校長は、ほかならぬ森外三郎先生である。一中の校長がまた三高の校長、――こういうことになったのは、次のような事情からであった。

一年近く前、私が中学の四年になって間もなく、三高にストライキが起った。新しく赴任して来た金子校長が古い先生を一度に多く整理した。金子校長にはそれ相応の計画もあったのかもしれないが、如何《いか》にも不人情なやり方だった。「自由」の旗印を変えようとする意図が、あるのではないかとさえ疑われた。学生は、「恩師のために」というスローガンの下に、団結した。先輩も応援する。世間は学生にも、整理された先生たちにも同情した。

次兄茂樹は、三高に入って間もなかった。上級生と一しょに、寄宿舎にたてこもってしまった。夜になっても帰らない。父母は心配した。親としての心配もあったろうし、教育者としての苦労もあったのだろう。夜更《ふ》けて、父は三高へ出かけて行った。どういうわけだったか私も父について、騒然とした三高の門の前に立った。

しかし、門はあかなかった。その閉ざされた門をへだてて、父は学生の代表とかけ合っていたようである。門灯の薄いあかりの中で、父の顔はけわしく緊張していた。どんな問答が、交わされたのか覚えがない。あるいはその応対を、聞いていなかったのかもしれない。私はその時、そのストライキの意味を、一向に考えて見ようとしなかったようだ。ただ、父についてそこまで来ただけのことである。今にして思えば、なんとボンヤリの少年であったことか。

父と私とは、その夜、兄には会えずにもどって来たが、ストライキは学生の一方的勝利に終った。一人として処分された者はなかった。それればかりか、金子校長は学生たちの希望通り、夏休みのうちに転任して行ってしまった。そのあとに、一中から森校長が移って来られた。

その翌年、一陣のあらしのすぎたあとの春日うららかな三高へ、私は入って行ったのである。理科甲類。当時の高等学校には理科の中に甲類と乙類があった。甲類は英語を第一外国語とし、ドイツ語を第二外国語とした。そして「力学」があって、「生物実験」がなかった。

「力学」があって、「生物実験」がないということは、大学の理学部、――その中でも、数学、物理学、化学系統や、工学部につながることを意味している。乙類の方はドイツ語が第一外国語で、「力学」の代りに「生物実験」があった。医学部や、農学部や、理学部の中では生物学などにつながるコースである。

私が、三高理科甲類に入ったとき、すでに生物学をのぞく理学部のどれかの学科を専門とすることに、きまったようなものだ。しかし、学問の手前には、青春の花園があった。入学式では例によって、簡単な森校長の訓辞を聞きながら、私の気持は浮きしていた。中学時代の厭世《えんせい》的な気持は、私の心のどこかへかくれてしまっていた。

入学式が終って出て来ると、廊下の要所要所に「野球部」とか「陸上部」とかいうビラが下っている。それぞれ何人かの上級生ががんばっている。新人を一人でも多く、自分の部に入れようと手ぐすねひいて待っているのである。

その廊下を、私は急いで行きすぎようとした。運動部のどれかに入れられることを、恐れていたからである。どの部にも、入る気がなかった。ところが思いがけず、私の名を呼んだ人がいる。瞬間、びくっとして立ち止り、相手の顔を見てこれは困ったことになったと思った。長兄の親友で、吉江勝保という先輩だ。家へも遊びに来たことがあるので、顔はよく知っている。

「……君は芳樹君の弟だろう。柔道部に入らないか」

柔道は、私の苦手《にがて》だった。

小学校のころ、相撲《すもう》は強かったが、中学の柔道はだめだった。柔道着を着て道場には出て見たものの、西村英一君などには簡単におさえつけられた。体の小さい私は、一度おさえこまれたら、はね返すことが出来ない。あきらめるより、仕方がなかった。中学の上級になってからは、柔道をやめて剣道をやった。どちらか一方には、正科として参加しなければならなかったから。――そんなわけで、運動部の中でも、特に柔道部には入りたくなかった。私はとっさに、

「脚気《かっけ》なので……柔道はやれないんです」

と、答えた。別にうそを言ったわけではない。軽い脚気の症状があり、ひところビタミン剤をのみつづけたことがある。

「脚気か？」

吉江氏はそういうと、それ以上、強請はしなかった。私は急いで、廊下を逃れ去った。

運動部に入ることは断ったが、入学早々から勉強するような環境ではない。しばらくの期間、授業についてはだれもが上《うわ》の空《そら》なのである。

紅《くれない》もゆる丘《おか》の花
さみどりにおう岸の色
都の花にうそぶけば
月こそかかれ吉田山

…………

数多い寮歌を覚えることに、忙しかった。一つ一つが胸のふくらむような歌である。

吉田山を目の前に、大声をはり上げていると、青春のただ中にいることが、身にしみて感じられるようであった。

三高時代に、私の気質には変化が起ったろうか。いや、環境はたしかに、中学時代より一層あかるく、一層のびのびとしていた。私もしばらくは、青春期の渦《うず》の中に、まきこまれるかのようであった。表面的には当時の三高生の気風をうけつぎながら、しかし、——いや、表面的に見ても、まだ周囲の学生たちとは、どこかちがったものがあったに違いないと思う。

三年後、大学に入った時、

——私は一体、三高で何をして来ただろう？

と、思ったものだ。三年間が空《むな》しくすぎてしまったことに、微《かす》かな悔《く》いさえ感じた。一方では、勉強に十分身がはいらなかったことを悔いた。しかし他方では、人並みに真底から青春を楽しんだという実感がわかないのが物足りなかった。この二つの気持は、たがいに矛盾《むじゅん》しているのだが、——これは後の話である。

高校生活になれないうちに、もう五月一日の記念祭は迫っていた。全校、その準備に忙殺《ぼうさつ》されるのである。

——京都は、昔から特に学生の優遇される所である。中でも三高生は、一番人気があった。

これもあとになって知ったことだが、そのころ「出世払い」という言葉があったらしい。

弊衣破帽《へいいはぼう》、いわばバンカラな三高生や京大生が、飯屋に借金を作る。料理屋で遊んで、金が足りなくなる。そんな時でも店の主人は、

「あんたが出世したら、払ってくれ」

という寛大さを見せる。

町の人は、学生と、学生の持つインテリジェンスに、打算を越えた好意をよせていたのであろう。やはり京都は、人間の知恵に対して敬意を払うという伝統が、古くから存在している土地なのかもしれない。それが、自然三高生に対する市民の素朴《そぼく》な愛情ともなったのかもしれない。

記念祭は、学生がその青春を、京都人たちに公開する行事のようであった。市民は、その日を楽しみに待っている。当日は着飾った若い女性たち、――三高生の言葉でいえばメッチェン――が、はなやかに色彩をふりまいて集って来るのである。

紳士、淑女《しゅくじょ》を迎えるために、グラウンドの周辺には、各クラスごとにテント張りのお粗末な飲食店を開く。コーヒーやサイダー、すしなどを用意する。仮装行列その他

の費用を、まかなうための商売である。クラスの会計が破産しないためには、前もって食券を発行して、学生は割り当てられた額を前売りする必要を生じる。

四月末のよく晴れた午後、私は同級生数人に誘われて、電車通りに出た。みんな食券を売りさばくことに張り切っている。行き会う人をつかまえては売りつけようとする。記念祭の食券だから、今日の学生アルバイトとはちがって、のんきなものだ。けれども行きずりの人はなかなか買ってくれない。

私はみんなの後について行くだけである。私には、見知らぬ人に声をかける勇気はない。だれにでもいいから売りつけて、どうだ、この腕前を見てくれと、胸を張って見せる客気《かっき》もない。なんの期待もなしに、ボンヤリ歩いているだけである。

私はおしゃれではなかった。弊衣破帽《へいいはぼう》でもなかった。三高生であることを喜びながら、いわゆる青春の歓《よろこ》びを百パーセント享受《きょうじゅ》しようとはしない少年だったのだろうか。友だちの行動に離反することはしなかった。が、先頭に立つことは更になかった。

記念祭の食券にしても、母に頼めば、どうにか処分してくれるだろうと思うのである。町を売り歩くよりは、早く家に帰りたかった。子供のころのはにかみ屋は、数え年十七歳になっても、まだ私の中に残っていた。

私たちは、平安神宮の前を通りすぎて、岡崎のグラウンドまで来た。グラウンドでは野球をやっていた。見物席にはまばらな人影があった。

友人たちは、見物人の後を通りながら、次々と声をかけてゆく。しかしまだ、一枚も売れない。彼らの表情には、次第に焦燥《しょうそう》の色がうかび上って来た。その時である。一人だけおくれてついてゆく私のそばへ、不意に若い女の人が近寄って来た。友人たちが、見知らぬ人をつかまえて交渉していたのを、小耳にはさんだものらしい。私の手にある紙片をながめながら、

「それなんどすか?」

私は急に元気づいた。

「記念祭の食券なんです」

「うち、買うてあげまひょ」

女は、ふところから財布を出した。私は目がさめたような気持であった。何枚かの食券を手渡す。ふり返った友人たちは、あっけにとられて私の顔を見直した。一番腕のないはずの私が、うまく食券をさばいていることに対する驚きが、彼らの表情にあらわれていた。

しかしそんな時でも、得意にはなれない私だった。友人にも、食券を買ってくれた人にも、すまないような気がする。「不労所得」という言葉が、私の頭にうかんだ。そんな有様だから、私はその時かぎり、二度と記念祭の食券を売りに出たことはない。しかし、行事の準備は日毎に整《ととの》っていった。寄宿舎のいくつかの寮には、各部屋ごとに飾りつけが出来てゆく。たいていは、時事的な社会諷刺《ふうし》である。

五月一日、――私が最初に三高生として経験した記念祭の当日、――校内は学生と見物人とで、あふれるようだった。特に寄宿舎は、人波がうず巻いていた。なかなか中へ入れない。やっと入ると、中では笑い興じる声、驚きの声、批評する声が入り乱れている。真暗な部屋があった。何ごとが起るのかと緊張する人びとの前に、突然、不気味な骸骨《がいこつ》が目の前にあらわれる。すると観客の中からは、若い女の悲鳴があがる。

寄宿舎の外には、例の売店がいくつも開かれていた。テントの中では、掛《かか》りの学生がにわか仕立の商売に忙しい。

その間にも、グラウンドでは、次々と仮装行列が続いていた。やはり諷刺的なニュアンスに富んだものもあるが、案外、他愛《たわい》もないものが多い。「大江山の鬼退治」などという、まるで小学校の学芸会か運動会のように無邪気《むじゃき》なのもある。大きな面をかぶった酒顛童子《しゅてんどうじ》が、さらって来た美女たちを従えてグラウンドをねり歩くという趣向である。

私のクラスは「寛永御前試合」という講談趣味の仮装行列をやった。武芸者にふんするもの、三代将軍家光《いえみつ》にふんするもの。そのほかに、何人かの腰元《こしもと》が必要であった。クラスから選ばれた女形は、かつらをかぶり、白粉《おしろい》をぬり、長い着物をひきずりながら、しゃなりしゃなりと運動場をねり歩く。

衣装《いしょう》はすべて、貸衣装屋から借りて来たものである。一中以来の友人川崎近太郎君も、女装をして加わっていた。私もそれをすすめられたが、とんでもないことだと断った。なぜ、とんでもないことだなどと思ったのか、今から考えると興味が持てる。その時代の私が、無邪気で世間知らずの少年であったというだけではない。こういう環境の中に無抵抗で溶《と》けこんで行けなかった理由は、私の家庭のあり方からも来ているのだろうと思う。私はその時、制服のまま旗をかついで歩くという、最もひき立たない役をひきうけた。

お祭りさわぎの一日は、たちまちすぎて行ってしまう。見物人は、次第に散っていった。吉田山は暮色の中にある。

桜の若葉吹く風も

暁《あかつき》清き五月空
三十六の峰々の
…………

学生たちがここを先途と、記念祭の歌を高唱しながら、グラウンドいっぱいに踊りまわる。青春の爆発である。壮快な躍動であり、若い生命の高揚である。私もいつしか同級生と肩を組んで、グラウンドの端から端へと踊りまわっていた。この時、私ははじめてビールの味を知った。――

漸《ようや》く記念祭はすんだ、しかし、まだ授業には身が入らない。

夏休みになると、一高との対校試合があるのだ。すでに応援団は組織されていた。団長は、私を柔道部に入れようとした吉江勝保氏だ。私のクラスでは南野輝胤《なんのてるたね》君が、ひどく熱心だった。私は入学以来、この人と親しくなっていたので、応援団の陣笠《じんがさ》にさせられてしまった。

授業がすんで家へ帰ろうとする学生を、応援団の幹部は校門で待ち構えているのである。野球部の練習を、応援しろというわけだ。毎日、何十人かの学生がグラウンドに集った。大きな太鼓《たいこ》をたたき、手に手に赤旗をふって選手を激励する。その近くには学生ではない見物人が、いつも何十人と選手たちを見まもっていた。

当時の一高、三高戦は、今から思い出すのもむつかしいほど、両校の学生の興奮を誘ったものだ。そこに、青春が結晶したかのようにさえ思われる。対校戦が近づくにつれて、京都市内の神社からは、次々と太鼓が借り集められた。私たちのクラスが借り出す太鼓は、見つからなかった。そこで、比叡山《ひえいざん》の向うの坂本《さかもと》まで、足をのばした。十数人の同級生が、借り出した太鼓を代る代るかついで歩く。夕方になってようやく家にたどりついた私の肩は、抜けるように痛かった。

野球の練習と、応援の練習は、日を追ってはげしくなる。初夏の日が落ちて、球の行方が見えなくなるころ、やっと練習は終る。

三高応援団が以前から使っていた赤旗を、警察からの注意で止めたのは、このころだった。赤い旗の中に、新しく白で「三」の字が入れられた。

一高、三高戦は、やはり野球が主になっていた。陸上競技、テニス、ボートと、いろいろの種目はあったが、野球に負けた方の学校が、その翌年に遠征するという約束になっていたところから見ると、対校戦のやまが、やはり野球にあったことは明らかである。

私が三高の一年に入った年は、東京まで遠征する年であった。夏が近づくにつれて、校内には檄文《げきぶん》を書いたビラがいっぱいになる。檄文は、何も対一高戦でばかりはり出されるわけではない。若さと溌剌《はつらつ》さのほとばしりのように、ことにつけて檄《げき》はとばされる。が、遠征が近づくに従って、寄宿舎の入口などには日に日に檄文を書いたビラの数が増えていった。

「東夷《とうい》ほふるべし」

という殺伐《さつばつ》な言葉が、きまり文句になっていた。かと思うと、「春、東山《とうざん》の花に酔い、秋、清谷《せいこく》の香に迷う」式の、京の風物を詠《うた》いこんだ美文調が、青年たちを酔わせもしたものだ。

八月下旬、私たちは東上した。夜汽車の、数輛《すうりょう》を占領して、その数は何百人あったか？　これほどの選手、応援団が移動したというだけでも、両校の熱の入れ方が分る。数百本の大小の赤旗と数十の大太鼓、荷物も多いから、列車の中は通路までいっぱいだ。いや、通路にもむしろを敷いて、学生がすわっている。一隅から歌声が上ると、それはたちまち車輛《しゃりょう》にいっぱいになる。するとすぐ、次の車輛にうつる。いつの間にか太鼓が拍子をとっている。燭光《しょっこう》が低いために赤暗く見える深夜の列車の中に、若者たちの声は充満し、あふれ、開いた窓から暗く遠い野末までひびいてゆくようであった。

何しろ八月の末だ。車内はそれでなくとも暑いのに、青春の血をもて余すような、学生たちの歌声がさけびつづけていては——学生は上着《うわぎ》をぬぎ、シャツのボタンを外《はず》し、日に焼けた顔は汗で光っている。動物的なにおいが、熱気となって流れている。うたい疲れてうとうとと眠ると、もう東京である。

試合の熱狂ぶりは、もう語るまでもあるまい。容赦《ようしゃ》なくふり注ぐ八月の太陽の下で、白旗と赤旗の波が躍り、太鼓が鳴り、歌声と喚声《かんせい》がグラウンドを圧する。

この年、三高はまた敗れた。くたくたに疲れた私は、八月三十一日に京都に帰った。それは、入学したばかりの私たちにとっては、最初の夏休みの終りを意味していた。すぐに、第二学期が始まろうとしているのだ。いよいよ勉強を始めよう、と思う学生もいたかもしれない。遊ぶには一層快適な季節が来ると思った者もいただろう。しかし私は、その時なんと思ったか、一向に覚えていない。遠征の興奮が、まだ余熱を残していたのだろうか。

家に帰れば、対校戦の戦況報告もある。友人のだれかれの、失敗談も話題になる。疲れてはいたが床についたのは夜半すぎだったであろう。

明くれば九月一日である。秋晴れというには、まだ暑い日。正午近く、東京地方では希有《けう》の大震災が起っていた。

大正十二年九月一日の関東大地震は、京都の家にも相当な振動をひきおこした。もしも対一高戦に勝っていたら、私たちももう一日、東京に残っていたかも知れない。震災にあっていたら、どういうことになっていたであろうか。父の後をついで、地質学をやる気になったであろうか。――今更《いまさら》、仮定の上に立った想像や推論を、むしかえして見ても始まらない。が、おそらくそうはならなかったであろう。

ただ、ここでちょっと触れておきたいのは、――話は前後するが――三高在学中に一度、父から地質学を専攻するように勧《すす》められたことである。

私は地質学にそれほど魅力を感じていなかった。むしろ苦手《にがて》の学科であった。三高では江原真伍先生から地質鉱物学を習った。非常に熱心な先生であった。試験の数日前になると、地質鉱物教室の一部屋いっぱいに、いろいろな鉱物の標本が並べられる。学生はそれを順々に見まわりながら、鉱物の名前を記憶しておかねばならない。試験試験の当日には、その中のどれかが、学生の面前に出される。

私はこれが苦手だった。標本には確かに見覚えがあるが、名前はどうしても思い出せない。仕方がないから、いい加減な名前を書いておく。やっぱり間違っている。

父は生れつき、自然物や自然現象に対する観察力や記憶力がすぐれていたようである。この観察力を足場として、想像力を思いきり活躍させた。地質学も、地理学も、考古学も、みな父の性に合っていた。私は観察力や記憶力が、それほどすぐれていないことを自分でよく知っていた。その代り、論理的思考力の方により大きな自信があった。それを手がかりにして、想像力を飛躍させ得るような学問に進む——結局において、これ以外に私の行くべき道はなかったことが、後になってだんだんよくわかってきた。

しかし、三高生の私は、まだ「混沌《こんとん》」に、はっきり目鼻のつかない状態にあった。ある日、父は一冊の分厚い英語の書物をさげて、私の前に現れた。それは大学程度の地質学の教科書であった。鮮明な写真や図が、たくさん入っていた。

「この本を読んで見なさい。面白かったら、地質学をやることだ」

長男が冶金《やきん》、次男が東洋史。弟たちも理科へは進みそうにない。父は自分の専門の後つぎが、一人はあってよいと思ったのだろう。

私は父の言うままに、千ページもあろうと思われる書物を、ぽつぽつ読み始めた。ちょうどそのころ、三年生になって間もない私たちに対して、大学への進学希望の第一回の調査が行われた。

私はよくも考えずに、希望学科の欄に、「地質学」と記入した。

父の勧めた書物は、しかし私にとって、だんだん重荷になってきた。いつになったら読み終れるか、心細くなってきた。父の書斎には、これと同種類の専門書が、あまりにも数多くあった。一週間ほどで、私はうんざりしてしまった。私の興味は、今までより一層強く、物理学の方へ向けられた。

父は自分の与えた書物を、私が読まなくなったのに気づいた。しかし、もう何も言わなかった。私はすまないと思った。が、私の心はきまっていた。第二回目の進学調査の時に、私はちゅうちょせず「物理学」と書いた。

人間の歩いている道が、どこで、どんな風にカーブするのか、あるいはどこで、岐《わか》れ路《みち》に出会うのか。それは容易に予測できない。

関東大震災の時に、その場に居合せたとしても、結局、私は地質学への道は選ばなかったであろう。これに反して、私が数学から離れてしまったことには、後で述べるように、明瞭《めいりょう》な動機があった。しかし、これも今になって考えて見ると、私の潜在意識が、もっと前から、数学を捨てて物理学を選ぶチャンスをねらっていたのかも知れない。

三高へ入った当座、記念祭や応援団にひきずりまわされながらも、私は学校の図書館には、しげしげと出入りしていた。私の幼時からの内攻的な性格が、私の読書癖をますます昂《こう》じさせていた。私はむずかしい書物を漁《あさ》り求めていた。が、それは人間としての私が、全体として発展してゆくこととは、必ずしも一致していなかった。

私の極端な内攻性は、いつの間にか私の目を、現実の社会から外《そ》らさせていた。三高のストライキの時、校門まで行きながら、ストライキ自体に対してはほとんど何の関心を示さなかったのも、その一例である。

応援団に参加しながら、応援することの意味は考えて見なかった。心から楽しいとは思わなかったが、そうかといって、応援団そのものに強い批判の目を向けるということもなかった。そういう点では、要するに子供であった。私の場合、数学や物理学、あるいは文学や哲学に対する理解力の成長速度と、現実社会に対する理解力の成長速度との間には、大きな開きがあった。そこに大きな不調和、きわ立ったアンバランスがあった。

現代の青少年の成長過程と、私自身のそれとを比較対照して見ると、両者の違いが余りにも大きいのに、今さらながら驚かざるを得ない。一口で言えば、現代の青少年は、恐ろしく早熟であるように見える。より開放的な社会、刺激のより多い社会に、生れ合せた現代の青少年の方が、早熟であるのは当然のことかも知れない。しかしそんなら、そこには不調和はないのかというと、決してそうではないようだ。私の場合とは正反対のアンバランスが、やはり存在しているように見える。

これはしかし、日本だけの現象ではないようだ。現代の文明国では、どこでも驚くほど似た現象が起っているようだ。共通の背景の中で、全く独立して起るのか、ある一個所で起った現象が、マス・コミによって世界の他の地域へ、ものすごく早く伝わるのか。——

先日、私よりやや若い知人と、こういう話題で話し合った時、彼は言った。

「そりゃ、今の青少年は、先生の少年時代って、何とつまらないものだったろう、と思うでしょうね」

「じゃ、彼ら——現代のハイ・ティーンは、彼らの生活に満足しているのかね」

「満足しちゃいませんよ。空しいと思っているでしょう。空しいからこそ、新聞の社会面をにぎわすような行動を起すのでしょう。しかし、先生の少年時代なんて……」

「子供っぽすぎて、話にならぬというわけか」

狭い門

一人の人間が、調和のとれた状態を常に保ちつつ、成長できるものであろうか。いつの時代でも、あとから見ると、大きなアンバランスがあったと判定され得るのではないか。

第二次世界大戦後、日本の経済状態が険悪になり、幼児の中にさえ、世間の荒波をまともにかぶらねばならなかった者が少なくなかった。少年が、青年が、社会的関心を抱くようになったのも当然である。

それにくらべれば、私の少年時代などは、少なくとも私個人にとっては、平和なものだった。親のすねをかじっていれば、学校には行けた。学生のアルバイトなどというものは、存在しなかった時代である。もっとも、現代の一部のハイ・ティーンに見られるような風俗の原型は、当時もなかったわけではない。堅実な家庭の親たちは、彼らを「不良」と呼んだ。不良少年、不良青年などという言葉が、よく使われたが、余り深刻なひびきを帯びていなかった。三高の学生の中にだって、その程度の不良はいたはずである。

一方ではまた、自分たちの置かれている社会に対して、はげしい批判の目を向ける青年も、たしかにいた。

彼らは、私よりはるかに大人であった。年齢的にいって、私は三高生の中の最年少ではあったが、性格的に見ても彼らは私より、社会に対する関心が強かったにちがいない。私の知らないことを、ずいぶん知っていたはずだ。私はそれをうらやましいとも思わなかった。私が、私のエネルギーをほとんど読書と、それにつながる思考の中にだけ注《そそ》ぎこんだということは、たしかに人間としての成長過程では不調和なことであった。バランスのとれていない少年だった。この傾向は今も私の中に残っているが、——私はそれを人間として立派なこととは思わない。が、もしこのアンバランスが私になかったら、どういうことになっていたろうか。私が物理学の研究者としては、割合早く一人前になれた理由の一つとして、この不調和な、かたよった人間形成が大いに力があったのではなかろうか。

私は少年期から青年期に移るころの自分を、その年齢なりに円満な、調和のとれた人間だったと思うことは出来ない。が、私自身にとっては、それはむしろ幸運であったといえよう。

世間的には大変に無知でありながら、とにかく私は、むつかしい本を読みたがった。三高の図書館で、最初、熱心に読み出したのは、哲学の書物である。老荘の哲学から西洋の哲学へ、私の興味は移っていった。

新カント派の全盛時代であった。一方、ベルグソン哲学も人気があった。しかし私は、当時の多くの青年と同じように、西田哲学にもっともひかれた。

ところが、哲学に対する興味の底から、二十世紀の物理学に対する好奇心が、徐々に頭をもたげはじめた。田辺元博士の「科学概論」や「最近の自然科学」の方が、純粋の哲学書より面白くなっていった。

数学に対する興味は、中学時代より幾分、うすれていた。中学では、自分で考えればよかった数学が、やや暗記物的な色彩をおびて来たからである。代数では、次から次へといろいろな公式を教えられる。それを覚えておかないと、次へ進めない。幾何《きか》の方は、立体幾何だ。これもユークリッド幾何であるから、論理性ははっきりしている。ところが問題は、それを教えてくれる先生にあった。

立体幾何を担当している先生の講義は、講義としては充実していた。それは私も、認めていた。ただこの先生は、学生の全部が、一字一句ももらさずにノートしていないと、きげんが悪い。しかも、講義のスピードは非常に速いのだ。よほど注意していないと、ついて行けない。

三高へ入って間もなくのことである。

この先生の時間中であった。聞きとれない所があって、私はふと手を休めた。まだ、なれていないせいもあったかもしれない。しかし、手をとめている私を、先生は目ざとく見つけ出した。

「小川君、何をしていますか?」

とげとげしい目であった。きつい声であった。クラスの者全部が、はっとしてペンをとめた。私は、周囲の視線が自然とこちらに注がれるように感じた。顔を伏せて、ペンを握りなおす。すると先生は、自分のひとことが学生たちに与えたショックを完全に黙殺して、――むしろ、それに満足して、前よりも速いスピードで、講義をつづけ始めるのであった。まるで意地になっているようであった。私は二、三行の空白をのこして、必死になってそれを追って行った。

――その時は、先生の度を越した厳格さに反発する気持を、起すだけの余裕《よゆう》もなかった。が、授業がすんでしまってから、私はなぜ、それほどまでに語気つよく注意されねばならなかったのか、よくわからなかった。これでは数学でなくて、軍事教練と同じだと思った。

――同級生の一人が、体を悪くしたことがある。心臓をいためていたのだった。猛烈なスピードでノートをとることが、出来なかった。多分、医者から注意をうけていたのだろう。あるいは欠席した方がいいのを、無理をして、出席していたのかもしれない。

何もノートをとらなくとも、講義をよく聞いているだけでも理解は出来る。覚えなければならないことでも、その場で頭に入れてしまえる者もいる。彼はどの時間にもノートをとらず、じっと耳をすまして講義を聞いていたものだ。ところが立体幾何《きか》の時間は、それではすまなかった。まるで、その学生に軽蔑《けいべつ》されでもしたかのような、先生の怒り方だった。この時は、ひとことやふたことではすまなかった。

学生は静かに立って、弁明しようとした。弁明すれば、いくらうるさい教師でも、わかるだろうと思ったらしい。しかし教師は、彼の言葉に耳をかさなかった。常軌《じょうき》を外れた怒り方であった。

「弁解しないでよろしい」

と言った。

「君はもう今日から以後、僕の講義に出なくてよろしい」

病身の学生は、蒼白《そうはく》になっていた。今更《いまさら》のように、ことの重大さに気づいたのだ。講義に出席しないでいいということは、落第させるということである。もし冗談話《じょうだんばなし》の中でそう言われたのなら、学生だって笑って「はい」と答えるぐらいの器量は持っている。が、相手が悪かった。

彼は日を改めて、この教師の自宅まで、事情を訴えに出かけた。しかし、玄関払いを食った。同級生は彼に同情し、教師の非常識に憤慨した。

一高、三高の対校戦が終ると、すぐ第二学期が始まる。京都をめぐる山々はまだ夏の色だが、集って来る学生たちは、何か新鮮な空気を身につけているように見える。

古びた校門を通りながら、

「よう!」

「よう!」

と声をかわす。それだけの言葉にも、若さがこもっている。

夏じゅう、京都の町を出なかった男もいる。故郷に帰って、真黒に日焼けして来た顔もある。話題は多い。学生たちは、休暇中の出来ごとを楽しそうに報告し合いながら、さまざまな期待に胸をふくらませている。が、始業の鐘が鳴り渡ると、ふっとひとすじ、不安なものが彼らの中にも流れるのだった。

新学期の最初の授業時間には、各先生がそれぞれ、自分の学科で注意点をとった者の名前を読み上げるのだ。六十点以下は、不合格である。六十点から七十点の間が、注意点である。発表される前に、覚悟をきめている者もある。が、危い一線を、はたして越えているかいないか、心穏かでない者も少なくない。

立体幾何《きか》の時間であった。

「注意点をとった者は……」

先生は一度、教室じゅうを見渡し、早口に氏名を呼び上げていった。何人目かに、

「小川……」

という名がその口から出た時、私は自分の耳をうたがった。一学期の試験は、全部出来ているつもりだったからだ。信じられなかった。何か、採点の誤りではないかと思った。

私はこの時の驚きを、いまでもはっきりと思い出すことが出来る。先生の返してくれる答案を手にするまで、半信半疑であった。が、——答案を見ると、三問中の三番目が、たしかに零点になっている。従って点数は、はっきりと六十六点である。私は急いで、私の解答を検討して見た。証明は、どこも間違ってはいない。ではなぜ零点

なのか？　私は友だちにも、きいて見た。友だちも私の証明の正しいことを認めた。しかし、一人のクラスメイトは、

「それはね、先生の証明のしかたと違うからだめだったんだ」

と言う。

「あの先生はな、自分の講義中にやった証明の通りにやらないと零点なんだ」

そう言われれば、私はもう言うことはなかった。なるほど、私は先生がどう解《と》いたかを憶《おぼ》えていなかった。それで、別の解き方をしたのだった。私は、私の証明が間違っていなかったことに安心した。もう点数はどうでもよかった。しかし数学に対する興味がいっぺんに冷却してしまった自分を、どうすることも出来なかった。

私を数学の道から簡単に追い出したのは、この時の先生の採点の仕方だった。少年はいきり立って、もう数学者には絶対になるまいと決心した。先生に教えられた通りに、答えなければならない学問。そんなものに一生を託すのは、いやだ。——

私のゆくてから、数学者の世界は消えて行った。私が三高で、この先生とめぐり会ったということは、運命のいたずらであったかも知れない。

しかし科学者になるために、数学が大切であることは、私も認めていた。その後、

微分や積分といういわゆる高等数学を習うようになって、数学に対する興味は、ある程度まで復活した。

実は長兄の芳樹が、中学生の私に、微積分の手ほどきをしてくれたことがあったので、高等数学もさほど難かしいと思わなかった。もっと後になって、数学が決してつまらぬ学問でないことも認識した。創造的活動の喜びは、そこにも潜《ひそ》んでいることを知った。

それにしても、私はやはり数学者にならなくてよかったと思う。私はどこまで行っても、思考の飛躍に最大の喜びを発見する人間であった。水ももらさぬ論理で、たたみこんで行く手順は、私の関心の中核ではなかった。それにまた、理論物理学者として、理想と現実の間の矛盾《むじゅん》に悩むのが、私の性に合っているようにも思われる。

私の手の中には、数学のほかにもまだ、おそかれ、早かれ、捨てなければならない札があった。工学部関係の学科へ進むことは、早くから断念していた。用器画が不得意だったことは、その一つの理由であった。他にもっと性格的な理由も、いろいろありはしたが。――

三高でこの課目を担当していたのは、福田正雄先生であった。言葉はていねいだが、なかなかの皮肉屋であった。

クラスに山本正吾という愉快な男がいた。私は山本君とも親しくつきあっていた。ある日の用器画の時間である。先生はドアーをあけて廊下へ出ていかれた。学生たちはみな、製図に熱中している。用器画の教室は大きな机がならんでいて、他の教室の二倍くらいの広さだった。私の机のずっと前の方から、急に大きな声が聞えてきた。

「泣いてくれるな、いとしいスザナ……」

歌声は広い教室中にひびき渡った。山本君が、製図しながら歌っているのである。静かだった教室の中にざわめきが起る。失笑するものがある。

「やかましいぞ！」

という声。

「山本、がんばれ！」

という声。それにはお構いなく、一節を歌い終ったところで、遠くから、

「うまいな、山本君」

福田先生が教室の入口に立ったまま、にやにや笑っておられる。――

山本君は時々、私を街中へ誘い出した。ある時、新京極の映画館へ一しょに行った。「十戒」という映画である。最近、日本へ来た「十戒」と同じ、セシル・デミルが監督であった。俳優の名は覚えていない。祖父に連れられて、松之助の活動写真を見て

以来、初めてである。従って私に与えた印象も強かった。しかし新京極へ行ったことは、私に淡《あわ》い罪悪感を残した。

福田先生は鼻下にチョビひげをはやしておられた。こわい顔ではなかった。しかし私には苦手《にがて》であった。

用器画の一時間は私にとって、いつまでたっても終らない、長い長い一時間であった。ワットマンというでこぼこの多い厚手の紙に、からすぐちで線を引くのであるが、私には自信がない。墨《すみ》をすってみたり、からすぐちをといでみたり、――何とかして、時を消そうとする。からすぐちをとぎすぎると、紙はナイフを当てたように切れてしまう。とぎたらないと、直線の両側には、ささくれのように墨がにじみ出す。

あまり一時間が長いので、途中で教室を出た。校庭を一回りして帰って来ると、からすぐちの墨はこちこちに乾いてしまっている。いつの間にか先生がそばに立っておられる。私は冷汗をかいた。

用器画を書いて出す期日がせまると、大変である。しくじった所を、インキ消しのゴムで、ごしごしやる。また書く。またしくじる。また消す。しまいに、厚手のワットマン紙も穴があきそうになる。ようやく仕上げて、おそるおそる先生に提出する。

あろう。

先生はそれを窓にかざして、

「おや、叡山《えいざん》がすけて見える……」

それでも、とにかく用器画で落第せずにすんだのは、学期末の筆記試験のおかげで

あった。

大学の工学部、特に建築科などへ進むつもりの学生たちは、用器画が得意であった。

私は自分の製図とくらべて、どうしてこんなに違うのか、不思議でたまらなかった。

私は小さい時から、何をやっても初めのすべり出しがスムースにいかない。ぎこち

なさを自分で意識すると、ますますいけない。人が大勢見ていると思うと、なおさら

いけない。鉄棒にとびついて、しり上りをやったり、足かけをしたりという、だれで

もやることがとうとうできずに終ったのも、初めに皆の見てる前で、思いきってやれ

なかったからであろう。用器画で困ったのも、不器用なためだけではなかったようだ。

その代り、最初の困惑《こんわく》を乗りこえてしまうことができた場合には、ずっと先まで根

気よく進んでゆく。もちろん、先へゆくほど道が広くなるとは限らない。反対にふた

たび道が狭く、急な坂になることもある。しかし、いったんある所まで進んだら、も

う決して横道へそれたり、引きかえしたりしない。

最初の困惑を乗りこせるかどうかは、好ききらいと大いに関係しているように思わ

れる。私は子供のころ、食べ物の好ききらいが、はげしかった。たいやまながつおのような、大人が上等だという魚の味が、全然わからなかった。いわしの丸ぼしや、塩ざけの方が、よっぽどおいしかった。そら豆や枝豆は、大好物だったが、ほかの野菜はたいていきらいであった。ずっと後になるまで、トマトやリンゴを食べなかった。

小学校の上級のころから、自分の頑固《がんこ》さ、偏狭さを反省しはじめていた。しかし私の心の奥底には、それ以後も、いつも自分の一番好きなものを、一つだけきめて、どうしても私にそれを選び出させてしまおうとする何物か——私の意識を越えた、何物かの動きがあったように思われる。

二年になった時、物理学の授業がはじまった。私には中学の物理より、ずっと興味があった。

三高には古くから、森総之助という有名な物理の先生がおられた。しかし、私が物理を習いはじめる時、この先生は外国へ行っていた。高校教授の外国出張は、珍しいことであった。私たちは、一戸《いちのへ》、吉川両先生に、物理を習うことになった。

吉川先生の講義のテキストは、アメリカ人のダフという人の編集した英語の教科書だった。各章の終りには、演習問題がたくさん収められていた。私は片っぱしからそれを解いて行った。

もっとも、私はまだ物理学に、一生をささげようとは決心していなかった。私に残された道は、次第に狭くなって来たが、まだただ一つというわけではない。最初のころ、私が演習問題を解くのに熱心だったのは、それが物理学であったからだけではなく、自分の能力を測《はか》って見たい気持も、手伝っていたかもしれない。一題が解けると、すぐ次の問題と向い合う。それは困難な事態にぶっつかる者だけに与えられる、不思議な快感を味わわせた。

おかげで物理だけは、試験勉強の必要が全くなかった。他の多くの学生は、試験前になって急に問題を解《と》こうとするが、間に合わない。

定期試験の一週間ほど前になると、同級生たちは問題の解き方を聞きに来る。同じ問題を、一人一人に説明していてはきりがない。私は弱った。すると世話好きの男が、希望者を教室に集めた。一度に、希望者全部に講義をしろというのだ。

――えらいことになってきた！

ひっこみ思案《じあん》の私は、心の表側ではたしかにとまどった。が、その裏側では、いくらか得意な気持もないではない。

私は二、三十人のクラスメイトを並べておいて、演壇に上った。先生の机に教科書

を開き、チョークを持ち、

——さて……。

と見まわすと、出席者はみな真面目《まじめ》な顔をしている。

こちらは十七歳になったところだが、聴講生はみな歳上《としうえ》だ。二十歳を出た男もいる。体つきも顔つきもすっかり大人だ。すでに不精《ぶしよう》ひげの伸びている男もいる。私はひそかな優越感を覚えながら、黒板にチョークの音を立てはじめる。——

しかし、そういう私が、物理の試験で満点をとったわけではない。直接には試験勉強をしなかったからであるが、やはり記憶力が十分でないことが、根本原因であろう。

実験も、私は割合、真面目にやっていた。しかし余り暇どると、私は早くそれを終って、家へ帰りたいと思った。

ある日の午後である。

私たちは、電気抵抗の実験をしていた。U字型のガラス管には、青い硫酸銅《りゆうさんどう》の溶液が入っていた。美しい色である。——私は今でも、青いネオンサインを見ると、ふとあの時の硫酸銅溶液を思い起す。それをときどき思い起すほど、忘れられない実験だったのだろうか？　その実験は決してむつかしい種類のものではなかった。ただ、ばかげた失敗をした思い出が、硫酸銅の青色を、忘れがたいものにしているのである。

私の相棒は、大石二郎君であった。

私たちは硫酸銅溶液の濃度を、次第にふやしていった。濃度を増すたびに、電気抵抗を測る。それからまた濃度を増す。幾度となく、そういう操作を繰り返してゆかなければならない。それを全部すませようとすると、ずいぶん時間がかかる。

「何か、もっと早く実験をすませる工夫はないだろうか?」

私はそう言った。大石君は首をかしげた。その時、私は机の上に、もう一本のU字管が置かれていることに気がついたのである。

「そうだ、U字管を二本使おう。そうすればずっと早くなるわけだ」

分業である。一人が抵抗を測っている間に、他の一人が、次の測定のための溶液を、もう一つのU字管に入れて置くのである。二本の管を交代に使ってやれば時間がずっと節約できる。

実験は、はかどっていた。が、気がついて見ると、奇妙な結果が現れていた。抵抗は、濃度がふえるに従って、順々に減ってゆくはずであった。ところが私たちの実験の結果は、そのようになってゆかなかった。かわるがわる、ふえたり減ったりしているのである。

「これは、一体どうしたわけだ！」

二人は顔を見合わせた。いくら考えても分らない。測定に手ちがいは、ないはずであった。

時間は、容赦なく経《た》っていった。早く終るどころの話ではなかった。ほかの種類の実験をやっていた同級生は、もうみな帰ってしまっていた。

窓の外は、もう暗くなり始めていた。遠い建物の窓には、灯の色さえ見える。風も立ち始めたようだ。そして私たちの実験は、完全に迷路にまよいこんでいる。何分かがすぎた。

「あっ！」

と、私が言うのと、

「そうだ」

と大石君の言うのと、どちらが早かったか分らない。

「分ったか?」

「うん」

電気抵抗に関する「オームの法則」というのを、やっと思い出したのである。私たちは、交互につかっていた二本のU字管を、並べて見た。二本の管は、たしかに太さがちがうのである。これでは測定の結果が、かわるがわる増減するのは当然だった。

「アホらしい」

と、大石君が言った。

私はがっかりして、返事をしなかった。相手の顔を見て、苦笑《にがわら》いしたばかりである。私はこんな簡単なことが、分らなかった自分に対して、腹が立った。

こんな失敗もたまにはやったが、物理実験がきらいになったわけではなかった。物理学そのものに対する興味は、だんだん深まっていった。そして学校で習う物理だけでは、もの足りなくなっていった。

私は、当時まだ三条通りにあった「丸善」の京都支店に、しばしば足を運ぶようになった。

丸善の洋書の書棚《しょだな》は専門別に分けられていた。私はいつも数学と物理学の所に一番長く足をとめた。ある日、物理学部の書棚に「量子論」という表題の英語の書物を見出した。著者はフリッツ・ライヘというドイツの学者で、ドイツ語の原著の英訳であった。面白そうなので早速《さっそく》買って来た。

高等学校の物理の学力では、「量子論」を完全に理解することは困難であった。それにもかかわらず——というよりも、むしろ、わからないところがあればこそ——ライへの書物は面白かった。それまでに読んだ、どの小説よりも面白かった。

一九〇〇年にプランクは、思いもよらぬ自然の不連続性を見つけ出した。それは、「自然は飛躍せず」という古代哲学から受けつがれ、ライプニッツを経《へ》て、近代科学の中に底深く根をおろしていた固定観念を、一挙に打破するものであった。プランクの量子論が、十九世紀末までに完成の域に達していたと思われた、古典物理学に与えた打撃は、強烈であり、深刻であった。しかし、すでにでき上っている壮麗な建物をこわして、新しい建物の土台からこしらえて行くことは、大変な仕事であった。プランク自身にしても、あるいは一九一三年に、プランクの量子論を原子構造の問題に適用して、大きな成功を収めたボーアにしても、できあがった建物の全部を破壊することに躊躇《ちゅうちょ》した。むしろ、既製の建物の中で、利用できる部分はできるだけ利用しようとした。改築せず、改造、あるいは改装ですまそうとした。

この段階の量子論を、今日私どもは「旧量子論」あるいは「前期量子論」と呼んでいる。この改造はなかなかうまく行かなかった。一方が具合よくなると、他の個所《かしょ》に欠陥があらわれる。そうこうするうちに、二十年以上の年月が経過した。若い物理学者たちの中から、内部の改造や改装には、満足できない人たちが現れ始めた。改造は断念して、思いきって新しい建物を建てる企てが、具体化しかけていた。

私がライへの書物を読んでいた大正十三年、すなわち一九二四年は、ちょうど旧量子論から新量子論──今日の「量子力学」──へ移ろうとする過渡期であった。このころフランスでは、ド・ブロイが物質波の理論を発表しようとしていた。ライへの書物には、もちろんそういう新しい動きについては、何も書いてなかった。私自身も、そんなことは知る由《よし》もなかったのである。

しかし私にも、理論物理学はまさに暗中模索《もさく》の状態にあることを、感得できた。至るところに矛盾があった。混沌《こんとん》としていた。この書物の最後は、

「これ等の問題のすべての上には、今のところ神秘的な朦朧《もうろう》が飛びまわっている。私どもの前には、巨大な経験的及び理論的材料が置かれているが、この朦朧を照すべき思想の焔《ほのお》は、まだ燃え上っていない。私どもの世代の大きな努力が成功をもたらす日の遠くないことを、期待しようではないか」

という意味の文章で結ばれていた。私の今日までの五十年を通じて、一冊の書物からこれほど大きな刺激、大きな激励を受けたことはなかった。この書物も、今は私の手もとにない。二十年ほど前に、他の新しい書物を買うために、この書物を手離してしまったからである。残念なことである。しかし私の心の底には、当時の楽しい記憶

が、いつまでも、はっきりと残っている。

ライへの「量子論」は手ばなしたが、私の書斎には今なお、古い思い出を呼び覚してくれる洋書が何冊もある。書棚《しょだな》のガラス戸ごしに、五冊のドイツ語の書物がならんでいるのが見える。プランクの「理論物理学」である。第一巻と第三巻とは灰色の表紙で、中もざら紙の粗末な本である。第一次大戦後、間もなくドイツで出版された書物は、こんな粗末なものが多かった。第二巻と第四巻と第五巻とは、少しおくれて出版されたので、紙もよい。赤い表紙には金文字が入って立派である。

しかし私の遠い思い出につながっているのは、粗末な第一巻である。ライへの量子論を読み終えて、間もなくのことである。

私は寺町通りを散歩していた。丸太町の角まで来ると、一軒の書店が目にとまった。ショーウインドーにはドイツ語の書物がならんでいた。当時の高校生は、ドイツ語に対する特別の親愛感を持っていた。メッチェンとかオンケルとかいう単語を会話の中にまぜて得意になっていた。当時、世界を風靡《ふうび》していたドイツの学術に対する、尊敬の気持も加わっていた。

本屋へ入った私の目は、ただちにプランクの理論物理学の第一巻を見つけ出した。内容は「力学」で、大学初年級程度であったが、私にもどうやら理解できそうに思われた。著者は尊敬する大学者、マックス・プランク先生である。本を買って家へ帰る私の足どりは、いつもより速くなる。勉強部屋へ入るなり、すぐに読みだした。思いのほかよくわかる。根本の考え方を先《ま》ずはっきりとつかむことができるように書かれている。それから先の叙述《じょじゅつ》も、論理が透徹《とうてつ》している。読むにつれて、ますますプランクが好きになり、量子論にも余計に魅力を感じるようになった。

ずっと後には、彼の思想が単純で、融通《ゆうずう》がきかなさすぎる点を、物足りなく感じるようになった。しかし彼が常に、自分で納得《なっとく》がゆくまで、徹底的に考えて書いていることは、私に終始かわらぬ尊敬の念を呼びおこす。十代の終りから二十代にかけての私には、彼の単純ではあっても徹底した考え方が、強い共鳴を引きおこした。この偉大な大学者の中に、何か生得的《しょうとく》に同質なものがあるように感じて、非常にうれしかったのである。

プランクは長年、ベルリン大学の教授であった。昭和十四年の夏に、私が初めてヨーロッパへ出かけたことは前にも述べた。八月の二週間ばかりをベルリンですごした。その間に何回か、ベルリン大学のまわりを歩いた。そしてプランク先生の上に思いをはせた。夏休みが終ったら、ぜひ一度、先生にお目にかかりたいと思っていた。

ところが、戦争の勃発《ぼっぱつ》が私をドイツから引きはなした。運命は私の手から、永久にプランク先生にお目にかかる機会を奪ってしまったのである。私はその後、二十世紀の理論物理学を建設した、主だった学者のほとんど全部に会う機会には恵まれた。しかし量子論の生みの親であるプランク先生にめぐり会えなかったことは、かえすがえすも残念なことである。

三年生になると、学校でも力学を習うことになった。先生は堀健夫博士であった。堀先生は分光学のすぐれた研究者であった。分光学というのは、原子や分子から出てくる光のスペクトルを分析して、それから原子や分子の構造を明らかにしようという学問である。前期量子論の発達の裏には、スペクトル分析の進歩があった。今日、原子核物理学が花形であるように当時は分光学が花形であった。堀先生の力学の講義には新進の学者にふさわしい活気があった。

理科乙では、大多数の学生が力学をやらない。少数の希望者だけが、私たちの理科甲の学生にまじって力学の講義を聞いた。その中には朝永《ともなが》振一郎君、多田政忠君、小堀憲君などがいた。いずれも優秀な学生であることは、力学の演習問題をやる時に、よくわかった。殊《こと》に朝永君は、私がそれまで知っていたどの友人よりも、頭が良いことが私には直ちにわかった。

この時以来、朝永君と私とは、ずっと同じ道を歩むことになった。こういうすぐれた同行者を持ったことが、私にとってどんなに大きな刺激となり、はげみとなったことか。――

かつて父が批評したように、私には独断的な所がある。自分の考えを徹底さそうとする。知らぬ間に「行きすぎ」をやる。時には飛躍しすぎる。朝永君は、そういう間違いを滅多《めった》にやらない人である。限界を心得ながら、うまい考えを出すというタイプの人である。得難《えがた》い同行者である。――

授業や読書の話が大分つづいたが、三高の上級生になっても、私はのんきであった。クラス同士の対抗試合には度々出場した。野球もやった。ボートもやった。ラグビーもやった。どれも特に上手ではなかった。どの運動部にも入っていなかった。どっち道、選手にされる心配はなかった。しかし、アマチュアとしてやるのは楽しかった。

ラグビーでは私たちのクラスが優勝したことがある。宇野庄治君がスリー・クォーターで活躍したからである。私はフォーワードとして引っぱりだされ、夢中でスクラムを組んでいただけである。ラグビーとは、何とくたびれるものかと思った。

卒業の日がだんだん近づいてきた。大学では物理をやることにきめてしまっていた。入学試験には別に心配はなかった。今と違って、当時は高等学校の入学試験が大きな難関であった。それにくらべると、大学入学は楽であった。

京大の物理の志願者は、定員を何人か超過しているという程度であった。私の同級には、物理の志願者が割合多かった。朝永君、多田君の他に、小島公平君、木村毅一君もそうであった。

私たちは大学へ試験を受けにいった。試験科目の中で、数学の方は満足な答案を書けた。物理の方では問題の中に、「ラウエ斑点《はんてん》」というのがあった。私は習った記憶がなかった。後で考えて見ると、物理をやろうとするものが、ラウエの有名なエックス線回折の実験を知らずにいたのかと、冷汗が出る。

結晶

急に夏らしくなった五月のある日、私は久しぶりに、京都大学の本部を訪れた。北部構内にある基礎物理学研究所——私が毎日すごす研究所——から、今出川通りをへだてて、南側にある本部構内まで、距離にすればわずかである。が、忙しい上に出不精《でぶしよう》な私は、どうしても出てゆかねばならない用事がなければ、一日じゅう一歩も研究室から外へ出ない。用事がすんで、本部の正面玄関から出て来た。珍らしく落ちついた気持で、あたりを見まわして見た。

正面には、白塗りの正門が見える。その向うは、通りをへだてて、大学の教養部——昔の三高である。玄関のすぐ前には、大きな闊葉樹《かつようじゆ》の繁《しげ》みがある。私はまっすぐに、玄関から正門の方へ歩みよった。そして、いま出て来た建物をふり返った。建物の上には、時計台がそびえている。チョコレート色の化粧《けしよう》れんがでたたまれた二階建ての建物が、両側へ対称的にのびている。

一口に本部の建物といっているが、この中には、総長室や大学事務局や大ホールのほかに、法学部や経済学部の大きな教室がいくつもある。この建物は、私がまだ三高生だったころに新築された。割合に新しく見えても、すでに三十余年の歳月を経《へ》ているのである。

時計台をぼんやり見上げていると、いろいろな思い出がよみがえって来る。私が大学へ入った当時の総長は、荒木寅三郎氏であった。荒木先生の特徴のある大きな頭が浮んで来る。——

建物をとりかこむ植込みの中に、鮮《あざや》かな白のかたまりが目についた。ジンク・ホワイトをたたきつけたようであった。初夏の陽光を浴びて、泰山木《たいざんぼく》がおおどかな花をつけているのである。

あたりには、学生の姿もない。ひっそりとした昼下り。——三十年前に、私が大学生としてこの辺りをさまよったころのふんいきが、まだ残っているように思われる。

そうだ。私の大学生活はここから始まったのだ。目を時計台から左へ転じてゆくと、時計台よりずっと古びた、二階建てのれんが造りの建物がある。東向きの中央入口には、今は工学部燃料化学教室という看板がかかっている。しかしこれこそまごうかたない、かつての日の理学部数学、物理学教室である。

私の大学生活は、大正十五年四月、ここから始まった。しかし明治三十年に、京都帝国大学が創設された当時から、この建物はここにあったのである。いや、大学が出来るまでは、三高の建物であったのだから、大学自身よりも更に古い歴史を持つ建物である。

この建物の中で研究しておられた当時の諸先生、——私たちが講義をきいた諸先生の多くは、もはやこの世におられない。熱学の講義をきいた石野又吉教授も、電気磁気学の講義をきいた吉田卯三郎教授もおられない。一番縁の深い玉城先生——力学の講義をしておられた玉城嘉十郎教授もおられない。当時、物理学の教授であった諸先生の中で、今もお元気なのは光学の講義をしておられた、木村正路《まさみち》先生だけになってしまった。

京都大学の学生としての私の三年間は、比較的、単調であった。三高時代には応援団やスポーツなどに、ある程度まで熱を上げた。大学へ入ってふりかえって見ると、それがいかにもばからしいことのように思われる。三高時代には、私はまだ何度か迷った。大学へ入ると同時に、私のゆくてから、物理学の研究者となる道以外のすべての道は消えうせてしまった。この道を根気よく歩きつづけるほかない。道はそこでは、まだ起伏が少ない。

しかしそれでも、私にとってはなつかしい思い出がいくつかある。

入学の当時、折悪く父が理学部長を務めていた。父はいやがっていたが、皆が勧《すす》めるので、二年の任期中、一年だけで必ずやめるという約束で、理学部長を引きうけた。入学式には、学生が一人一人、所属の学部の部長の前に出て、宣誓簿に署名するのである。机の向う側には、父が黙って座っている。どうも具合が悪いが、仕方がない。

しかし、このころから父は、私に対して大分きげんがよくなってきていた。入学試験で、数学の成績が非常によかったことを、園教授から聞いたためでもあったらしい。

京大の理学部は当時から単位制であった。三年間に必要な単位を取りさえすればよかった。その上に、必要な単位を構成する「必須《ひっす》科目」なるものも、そんなに厳格には決められていなかった。「模範例」というのがあった。それは各学科の学生に対する、必須科目の最低限を示すものであった。それから絶対にはずれてはいけない、というようなものではなかった。一中や三高と共通する自由主義的なふんいきが、こういう融通《ゆうずう》性のある科目制度と、よく適合しているように思われた。

私は模範例にこだわらずに、数学の講義を聞いてまわった。古いれんが建ての建物の一番奥に、階段教室がある。その中ほどに座ってわき目もふらずにノートをとった。

数学の演習にも熱心であった。微分、積分の演習を担任していたのは、岡潔《おかきよし》という若い講師であった。長兄の芳樹と三高で同級だったので、岡先生のうわさは、早くから聞いていた。大変な秀才――記憶力が恐ろしく強いという意味の秀才であると同時に、天才的な推理力を持った人だという評判だった。

岡氏の身なりは、しかし、大学の先生らしくなかった。背広の腰にきたない手ぬぐいをぶらさげている所は、まるで三高の応援団員みたいであった。入学早々出された演習問題が、また恐ろしく難かしかった。学生の知識の程度など全く無視したような問題であった。私たち学生は最初、途方にくれたが、そういう難かしい問題にぶつかって行くことが、また私に一種のスリルを味わわせてくれることにもなった。しかし私の主たる興味は、新しく興りつつある物理学――新しい量子論に集中されつつあった。世界の物理学界の姿は、この時――一九二六年、まさに狂瀾怒濤《きょうらんどとう》の中に、浮き沈みする巨船にも似ていたのである。

新量子論の出現が、世界の物理学界に及ぼした影響、――というよりも、むしろショック――は激しかった。そしてこの影響は、物理学の門をくぐったばかりの私にまでも及んだ。

大学へ入って間もなくのことである。学術協会の主催の講演会が、京都大学で開かれるというビラを、私は見た。講師は東京大学の長岡半太郎先生で、演題は「物理学の今昔《こんじゃく》」である。私は、ずっと前から長岡先生の名は知っていた。いつの間にか、日本では一番偉い科学者だと、思いこんでいた。どういう風に偉いか、十分に知っていたわけではないが。

時計台の大きな教室で、私は大勢の聴衆にまじって、この大先生の話に熱心に耳を傾けた。そして、非常に大きな感銘をうけた。間接に知っていた以上に、偉い先生だと思った。二十世紀のはじめに、量子論が現れて以来の二十数年間、物理学は大きな変革をとげようとする途中にある、という意味の言葉が、私の胸に強く響いた。当時先生は、すでに六十歳前後であったろう。しかし私は、青年学徒のような先生の若々しい情熱にうたれた。それと同時に、世界的な碩学《せきがく》というにふさわしい、見識の高さに敬服した。私が三高時代に、ライへの著書を通じて知った古い量子論の次に、何かが現れようとしていることを、おぼろげながら察知することが出来た。

それから間もなく、私は丸善で一冊の新刊書を買った。それはマックス・ボルン博士の『原子力学の諸問題』と題する、ドイツ語の書物であった。百数十ページの薄い本であったが、まだ出版されたばかりで、内容は非常に新しかった。

当時、ボルン先生は、ゲッチンゲン大学の教授であった。彼の門下から、若いすぐれた理論物理学者が輩出《はいしゅつ》していた。私が大学へ入る前年、つまり一九二五年に彼の門下の一人、ハイゼンベルクは二十三歳で新しい量子論を提唱した。ボルンは直ちにその重要性を認め、ハイゼンベルクともう一人の若い門下生ヨルダンと三人で、この理論を発展させた。これがやがてもう一つの理論、すなわち波動力学と合流して、今日の量子力学となったのだった。

ボルンの書物には、出来たばかりの、いや、まだ急速に生長しつつある新しい量子論の概要が、要領よくまとめられていた。私にとっては、新しい量子論は難解ではあったが、すばらしい魅力があった。

この時以来、マックス・ボルン先生は、私の最も敬愛する学者の一人になった。昭和二十四年の末、ストックホルムからニューヨークに帰る途中、私はイギリスのエジンバラに立寄った。ずっと前にドイツを追われて、結局エジンバラ大学に落ちつかれたボルン博士に、お目にかかりたいと思ったからである。駅前のホテルへ着いたばかりの私たちの眼前に、たちまち現れた温厚な老紳士。――それが、私の想像にたがわぬボルン先生であった。

学者には、いろいろなタイプがある。甘さと辛さの割合によって、分類してみることも出来る。そうするとボルン先生は、明らかに「甘さ」の割合の多い方のタイプに属する。私自身もそうではないかと思う。それで、無意識のうちに自分に似た傾向の人を、先輩のすぐれた学者たちの中にさがし求めていたのかもしれない。

大学一年生の私は、たちまち新興物理学の熱烈なファンになった。対校試合の応援より、この方が何層倍、有意義かわからなかった。対校試合の方は、いつまでたっても応援だけである。選手になって出場する能力もなければ、希望もなかった。今度は大分、話が違う。やがては私自身も新しい物理学の進歩に、幾分かの貢献《こうけん》ができるかも知れない。

大学生のころ、私は上京する度にたいてい、長姉香代子の家に泊めてもらった。長兄の芳樹は東大を卒業すると、すぐに東北大学へ招かれて、東京を去ってしまったからであった。長姉の夫小川一清は工学部の出身で、当時逓信省の電気試験所に勤めていた。家は東京郊外の大森に移っていた。彼は数学のファンであった。私の顔を見ると、直ぐに議論を吹きかけて来る。

「秀樹さんはどうしてそんなに、新しい物理学が好きなのですか。数学の方が、正しいか正しくないか、はっきり証明ができて、よっぽどいいじゃないですか」

彼は西洋音楽が好きであった。謡曲はけいこしていたが、それ以外の日本音楽には、一切《いっさい》興味が持てないようであった。純粋なもの、あやふやでないものしか、好きになれないようであった。しかし、私は自分の立場をやっきとなって弁護した。

「新しい物理学は、これから先どうなるのか、はっきりわかりません。しかし、はっきりしない所が面白いのです」

この素朴《そぼく》な議論は、いつまでやっていても、はてしがない。文学好きの長姉は、私たちが論争を始めると、いつもそばにきて面白そうに聞いている。話が数学と物理学の優劣論になると、

「そら、また始まった」

と言って、微笑する。

姉夫婦の長男岩雄は、そのころはまだ小さかったから、私たちの論争を聞いても、何もわからなかったに違いない。三十年後の今日、岩雄は物理学者になっているが、この一事から、結局は私が論争に勝ったという結論は出せそうにもない。とかく男の子は、父親のいうことをそのまま受け入れようとしないのだから。――私にも父親のいう通りにしなかった覚えがあるのだから。――

次姉妙子の夫、武居高四郎の方は、私をからかって論争をいどむようなことはなか

った。その代り、都市計画が専門だから、大きな夢を描き、その方では気焔《きえん》をあげているらしい。そういう所が気に入って、私の父は次姉を嫁にやることを承知したのかも知れない。

私が大学へ入る前後に、次姉は何人もの子供を連れて、京都へもどってきた。夫が、京大の工学部の教授になったからである。これで、私たちの周囲は、またにぎやかになった。

このころまでに、私たちの家はまた二、三度ひっこしをしていた。一時下鴨《しもがも》にいたが、間もなく塔之段《とうのだん》へ越した。塔之段へきて、また四、五軒先へひっこしした。それが塔之段毘沙門町《びしやもんちよう》の角の、白壁の家である。ここではじめて、父母は借家住いをやめて、自分の家に住むことになった。そしてこの家が、父のついの住家《すみか》となったのである。

塔之段という地名は、昔、相国寺《しようこくじ》の塔があったことに由来するらしい。応仁《おうにん》の乱《らん》の戦火で、塔は焼けてしまったが、石の段だけが残ったのだろう。ずっと相国寺の境内《けいだい》であったらしい。竹やぶで、おおわれていたようである。

明治三十年代から、四十年代にかけてのことであったろう。塔之段の竹やぶが切り開かれて、新しい住宅地が出来はじめた。京都大学創設当時の教授たちの中の何人かが、先《ま》ずここに家を建てた。一番北の端と一番南の端とに、土塀《どべい》で囲まれた大きな家ができた。どちらも物理学の教授の家であった。北の端は水野敏之丞先生、南の端は村岡範為馳《はんいち》先生であった。

村岡先生は、私が大学へ入るよりずっと前に引退して、郷里の伊勢《いせ》へ帰られた。家の持主も変った。その家を父が買ったのである。四百坪余りもある広い地所の南側と西側が、狭い道路になっていた。路に面して白壁の土塀《どべい》が、えんえんと伸びていた。道を通る人は万里《ばんり》の長城と呼んだ。

こんな広い地所に、それに相当した大きな家を建てることは、父より更に一時代前の大学教授には可能であった。父の時代には、こんな大きな家を建てることは、到底できなかった。古くなった家を買うことさえ、財力に余ることであった。大勢の子供の教育費だけでも、大変である。それに父は趣味が多かったから、高い古書や骨董《こっとう》や刀剣などを、次々と買ってきた。母はその度ごとに顔を曇らせた。家を買う話が決りかかるころ、母は私に次のような意味のことを言った。

「この調子では、一生借家住いで、後には何も残らないに違いない。少し無理だが、借金をしてでも思い切って家を買っておきたい。そうすれば、それだけ残るだろう」

私にはわが家の経済はよくわからなかった。が、母のいうことを聞いているうちに、自分もいつまでも、親のすねばかりかじっていてはいけない、と、思い始めるようになった。そんならどうするのか？　私には何の具体案もなかった。とにかく、物理学の勉強をつづけたいという一心は、どうにも変えようがなかった。

家を買ったのは、父が還暦《かんれき》で大学を辞《や》める少し前であったと思うが、確かでない。しかしいずれにせよ、大学へ入ってからあとは、塔之段から通学していたことは確かである。

大学の一年では、数学の時間が割合多かった。物理の講義では、玉城先生の「力学」石野先生の「熱学」が始まっていた。

玉城嘉十郎先生は、黒板にエレガントな横文字を書かれた。ベクトル記号の書き方が、流れるようであった。和歌を美しい変体仮名で書いてゆくような感じであった。いつも、きちんとした身なりをしておられた。ちょっとした身ぶりにも、英国流の紳士とはこういう人をいうのかと、感ぜられた。実際、先生はイギリスへ留学し、ケンブリッジ大学におられたことがある。流体力学や相対性理論に関する業績をあげられていた。古典力学、あるいはそれの延長としての相対性理論の、完成された美しさを愛する人のようであった。

当時まだ荒けずりの、なまなましい量子論は、先生の趣味に合わないようであった。

石野又吉先生は好んでドイツ語を使われた。先生の風貌《ふうぼう》からも、ヘル・プロフェッサーという感じを受けた。「熱学」の主要部分は、熱力学である。これは、私の敬愛するマックス・プランク先生が完成された学問である。プランクは熱力学によって熱《ねっ》輻射《ふくしゃ》の問題を解決しようとして苦心惨憺《さんたん》した結果、ついに量子論を生み出したのである。従って熱学の講義の方が、いろいろな意味で力学よりも、新興物理学との距離が少ないように思われた。

三年になったら、物理の教授のだれか一人の指導を受けることになる。私は二年さきのことを、時々ぼんやりと考えてみた。玉城先生も石野先生も、どちらもいいなと思った。

大学生としてのすべり出しは、大体として好調であった。三高から路をへだてた京大へ来たのだから、とまどうことは少なかった。物理学科の同級生も二十人足らずで、その中に朝永振一郎《ともながしんいちろう》、多田政忠、木村毅一、小島公平という三高――あるいは一中以来の友人が四人もいた。いつも一しょになる数学科の一年生のなかにも、小堀憲、森誉四郎という古なじみがいた。これらの人たちは、後にはみな大学教授となり、今も学問の道を歩んでいる。――

大学へ入れば、体操もなければ、用器画もない。スポーツも応援団もない。自分の好きな学問の勉強をすればよい。中学時代の厭世観《えんせい》は、高校時代にも多少残っていた。終始、頭が重く、軽い神経衰弱ではないかと思っていた。しかし大学へ入ると、紙を一枚はがすようにそういう気分も消えうせた。ただ一つの苦手は、ガラス細工であった――これについては後で、また触《ふ》れるが――しかし、これもさほど重大ではなかった。

しかし前途に、かすかな不安はあった。それは、当時の青年のだれもが受けなければならなかった徴兵検査である。

大学の一年の終りごろ、すなわち昭和二年の一月に私は満二十歳の誕生日を迎えた。四月に二年生になると間もなく、徴兵検査である。もしも甲種合格だったら、大学卒業と同時に兵役に服さねばならぬ。大切な時に、勉強が中断されるかも知れないと思うと、少し不安になる。

何でも、日ざしのすでに暑いころだったと思う。私は呼び出されて検査場へ出かけた。それは上京《かみぎよう》区役所だったのか、あるいはどこかの学校だったのか――私の記憶はもう薄れている。

眼の検査だけは受けた。が、それ以外は非常に簡単であったように思う。私はどんどんと他の青年を追い越して先へ進んだ。私のすぐ前に、同じようにどんどん進んで行く青年がいる。何だか見覚えがある。近よって見ると、石野琢二郎君であった。石野又吉先生の次男である。学校は一年下で、京大の医学部へ入学していた。目顔であいさつしているうちに、二人は並んで徴兵官の前に立たされた。徴兵官は書類に目を通すとすぐ、

「丙種合格」

と言った。それからいくらか、表情をやわらげて、

「君たちは若い大学生だ。兵隊としては役に立たんが、学問の道にはげんで、その方面で、日本の存在を世界に知らせるようにしてほしい」

と言う。

ちょうど軍縮時代であった。大学へ行っているものまで、兵役に引っぱり出さないと足りないという時代ではなかった。私の長兄も次兄も、それぞれ第二乙、第一乙であった。大学に入ってから、私はスポーツは全然やらなかった。図書室や家にこもって、勉強している時間が多かった。身体も三高時代より大分細くなり、顔色も青白く

なりつつあった。自分では第二乙ぐらいだろうとは、予想していた。が、丙種というのは予想外だった。近眼の上に、少し乱視がかかっている。そのためかなどとも、思って見た。

何はともあれ、この徴兵官のおかげで、私の前途から兵役の問題が消えた。自分の好きな学問のことだけを、考えればよい日々が続くことになった。自分は何と好運なのだろうと思った。

中国のことわざに「天道は人の閑住《かんじゆう》を許さず」というのがある。近ごろ、私はしきりにこの言葉を思い出す。なんと毎日、私の上にふりかかってくる用事が多いことか。どうしてこうも、自分のしたくないことばかりに、ひきずりこまれるのか。どうしてこう、逃れられない義務が、十重《とえ》、二十重《はたえ》に私をがんじがらめにしてしまうのだろうか。

今の私にくらべると、天道は大学生の私に対して、閑住を許していたのではなかろうか。こんな風にも思われてくる。しかし、よく考えて見ると、その当時はその当時で、やはり閑住は許されなかったのである。私が大学生として一年間を暮すうちに、理論物理学の世界は、休みなく、そして目まぐるしく、変りつつあった。

一九二六年といえば、シュレーディンガーの波動力学が登場し、世界の物理学界にセンセイションを巻き起した年である。二年前にド・ブロイがシュレーディンガーの先駆者《せんくしゃ》として、物質波の理論を提唱した時には、まだこんな騒ぎは起らなかった。今度は、反響が大きかった。それにはいろいろな理由があった。

多くの学者は、ハイゼンベルク流の理論の難解さに辟易《へきえき》して、食わずぎらいになっていた。シュレーディンガーの理論の方が、ずっと取りつきやすいのを見て、非常に多くの人たちが、興味を持ちだしたのである。もう一つの理由はシュレーディンガーの論文の持つ強い説得力である。

物理学界はわきたっていた。日本にもやがて、波紋は伝わってきた。先生や先輩の話から、私にも何事が起りつつあるか、大体推察ができた。これは大変なことだ。うかうかしてはおられないと思った。

二年生になった私は、暇さえあれば物理学教室の図書室に入り浸《びた》った。書棚《しょだな》にぎっしりと詰っている、古い書物には用はなかった。この一、二年間に、外国——それも主としてドイツの専門雑誌に発表された、新しい量子論に関する論文が、どんなものか少しでも早く知りたかった。調べ始めると、やがて、これは大学二年生の自分には、荷が重すぎると感じるようになった。今までに、いくつかの雑誌に出ている論文だけでも、すでに相当な数に上っていた。そして毎月毎月、図書室の陳列棚にふえてゆく新着雑誌には、たいてい新しい量子論に関係ある論文が載っていた。

どこから手を着けてよいか、途方に暮れた。しばらくの間は、いろいろな論文をかじり読みしていた。そのうちに、やっぱり一番わかりのよい、シュレーディンガーの論文を、落ちついて読むことに決心した。


私の書斎の書棚の中には、プランクの「理論物理学」五巻や、ボルンの「原子力学の諸問題」と仲好《よ》くならんで、シュレーディンガーの「波動力学論文集」が見える。ややだいだい色がかった赤い表紙に、黒字でドイツ語の表題が入っている。表紙の赤色は随分あせてしまった。私は脂手《あぶらて》ではないから、本はあかじみてはいない。が、大分くたびれている。専門雑誌にバラバラに出ている彼の論文を、順に読みつつあった私は、間もなく丸善で、これらがまとめられて一冊の本になっているのを見た。大学の二年から、三年の初めごろまでの私は、完全にシュレーディンガーのとりこになっていた。彼の論鋒《ろんぽう》は、読む人を自分の主張に同意させねばやまないほど、鋭く強かった。彼もまた、プランクと同じように考え方が単純である代り、論理が透徹《とうてつ》していた。彼は「波動一元論」に徹しようとした。

一年前に読んだボルンの書物は、自然の不連続的な側面を強調していた。時間・空間までふくめて、すべてを不連続的な要素に、還元し得るかも知れないという予想さえも、この書物を書いた当時のボルンは持っていたのかも知れない。この方向に徹したいと、一年前に私は思った。

シュレーディンガーは、これと正反対の側面を照し出した。自然の連続性を強調し、それに徹しようとした。それが波動一元論である。私はまた、それに魅《み》せられた。一年の間に、時計の振子は一方の端から、他方の端まで移った。どちら側へも行き過ぎていたことが、やがてわかってきた。もちろん私自身が、それと気がつくより、ずっと早く、学界にはハイゼンベルク流の考え方と、シュレーディンガー流の考え方を統一し、連続的な側面と不連続的側面とを、共存させる考え方や、それに基づいた理論体系が出来上りつつあった。——

しかし、今ここで、こんな話に深入りしていると、きりがない。話を元にもどそう。

私の知識欲は旺盛《おうせい》であった。しかし、早く消化吸収してしまわなければならない新知識は、山のようにあった。何食分かのごちそうを、一度に目の前にならべられたような状態であった。私はまだ、大学の二年生である。講義も聞かねばならぬ。演習にも出なければならぬ。実験もやらねばならぬ。二年になると、木村正路先生の「光学」の講義が始まる。木村先生の専門は、新しい量子論とは一番関係の深い分光学

——原子や分子やスペクトルの研究であった。

光学や分光学に関する実験も、私には興味があった。木村毅一君と組になって、実験した。木村君の方が、私よりずっと熱心だった。夏休みも返上して、実験をやろうと言う。私もいやではなかった。

夏休みになっても、研究者たちの中には、実験を続けている人が少なくない。しかし学生は、もうだれもいない。学生実験室の中はひっそりとしている。だれもいない部屋で、カーボンや金属の電極の間に、パチパチと火花を飛ばす。そのスペクトルを写真にとる。真くらやみの暗室に入って、手さぐりで写真乾板をガラス切りで切る。

——

長い間、実験室から遠のいている私には、このころの思い出は、特になつかしい。

三年生になると、自分の志望をきめて、だれか一人の先生の指導を受けなければならぬ。二年生の終りが近づくのに、私はまだいろいろと迷っていた。

専門から言えば、木村先生の分光学が、私の求めているものに一番近かった。昭和三年の三月、木村先生は、ラポルテという若いドイツの理論物理学者をよんで来られた。彼は原子スペクトルの理論について英語で講義した。外国語の講義を聞くのは、生れて初めてだった。が、言葉も内容もよくわかった。ドイツ人の英語だから、聞きとりやすかったのかも知れない。内容も、それまで自分で勉強していたから、理解しやすかったのであろう。それはよかったのだが、困ったことに、木村先生の研究室では、理論物理学をやる学生は受け入れられなかった。

分光学の実験をやろうというなら、何はともあれ、ガラス細工の修業をしておかねばならぬ。私にとっては、鉄棒、用器画、ガラス細工が、三つの大きな苦手《にがて》である。

大学へ入った早々、実験の時間に体積膨張計――普通にディラトメーター――と呼んでいる簡単な装置を作らされた。ガラス管の一方の端を、ガスの炎《ほのお》で融《と》かして、丸めて穴をふさぐ。次にもう一方の端の方を、あたためながら伸して、糸のように細い管にすればよいのである。いとも簡単なはずである。ところが、私にはどうもうまくゆかない。ガスの炎にかざしながら引っぱる。十分、細くならないうちに、ポキンと折れてしまう。

同級生たちは苦もなく、ディラトメーターを作り上げている。用器画の得意でなかった朝永《ともなが》君も、ガラス細工はうまくやる。どうも私には、こつがわからない。とうとうさじを投げて、他の実験と替えてもらった。

スペクトルの実験をやるとなれば、ガラス管を目的に応じて、様々の形に曲げたり、つないだり、しなければならない。自分は初めから、木村研究室に対しては、失格者だと思いこんだ。

父は、石野先生の指導を受けたらどうだ、といった。実験も理論も、両方ともやったらよいとすすめた。私は、それもいいが、両方やるのは荷が勝ちすぎはしないかと思った。そんなことで迷っている日が、しばらくつづいた。ある日、石野研究室でエックス線の実験をやっている先輩の、河田氏の部屋を訪れた。どういう実験をやっているのか、説明を聞いた。面白そうであった。

そこへ、見知らぬ人が入って来た。一見して、それが物理の研究者でないことはわかる。河田氏とこの人との話の内容は、どんな機械を注文するか、値段はどんなものかというような商談であった。

私には、それは全く未知の世界の人たちの対話のようである。実験物理をやるとすると、こういう商談もしなければならないということに気がついた。これは大分、勝手がちがう。やっぱり、自分には理論物理ぐらいしか、やれそうもない。二人の話を黙って聞きながら、私はこんなことを考えていた。

それから間もなく、私は朝永君と多田君と、三人一しょに玉城先生のお部屋を訪れた。先生は私たちの指導を、こころよく引き受けられた。この時、初めて私の進む道は、理論物理学一筋になったのである。

当時の玉城研究室は、一種の梁山泊《りょうざんぱく》であった。大学を卒業して何年にもなる人たちが、思い思いの勉強をしていた。十人くらいもいたろうか。他の研究室よりもずっと人数が多かった。流体力学を研究する人が何人かいたのは、先生の専門から見て当然である。音響学を研究する人がいたのも、不思議ではない。

先生は音楽に興味を持っておられた。研究室には、オルガンやお琴《こと》があった。御自身でお琴をひかれるという話も聞いた。残念ながら、私は一度も聞かしてもらったことはない。日本のつり鐘の音響に、興味を持っておられた。小型のつり鐘もあった。鐘というより、半鐘というべきであろうか。——時々、研究室から鐘の音が聞こえてきた。

相対性理論を勉強している人がいたのも、むしろ当然である。先生は若いころ、この方面の研究をいくつも発表しておられる。しかしこのほかに、新しい量子論を勉強する人たちもいたことは、ちょっと異例であった。

西田外彦氏と田村松平氏とが、それであった。先生御自身は、量子論には余り関心がなかった。内心では困っておられたかも知れない。が、先生は研究室にいる人たちの自由意志を、あくまで尊重された。理論物理学の範囲を逸脱《いつだつ》しない限り、何を勉強しようと干渉《かんしょう》されなかった。何年も仕事がまとまらない人がいても、出ていけがしにはされなかった。みな、ゆうゆうと勉強している感じであった。

自然、他の研究室とは、大分ふんいきが違っていた。森外三郎先生の自由放任主義に慣《な》れた私には、しかしそれは別に異様には思えなかった。むしろこの小梁山泊《しょうりょうざんぱく》のふんいきに、親近感を抱いていたからこそ、結局、玉城研究室を選ぶことになったのであろう。

三年生になった私たち三人の新参者の中で、多田君は流体力学を勉強し、朝永君と私とが新しい量子論をやることになった。

物理学と数学の両方面にわたって、私の勉強すべきことは、山のようにあった。数学の方では、今まで物理学には役に立たなかった高等代数学——特に群論までも勉強する必要を生じた。物理の方でも、古典的な理論の勉強と、新しい量子論の勉強を一ぺんにやらなければならなかった。

玉城先生も私たちに、解析力学《かいせきりきがく》の講読をして下さった。新しい量子論そのものについては、西田、田村両先輩が相談に乗ってくれた。しかし、私たちは独学で勉強している状態に近かった。私は何でもよいから、三年生の間に理論物理学の第一線まで、しゃにむに追いつきたいと思った。忙しい一年間であった。

ちょっと話はわき道にそれるが、西田外彦氏というのは、西田幾多郎先生の長男である。私は以前から先生のファンであった。先生のような大哲学者のおられる京大に籍をおきながら、講義を聞かないのは愚劣だと思った。大学三年の時であったか、あるいは卒業した年であったかよく覚えていないが、西田先生の「哲学概論」の講義を毎週かかさず聞きに行ったことがある。

当時、若い人たちの間の先生の人気は、大変なものであった。三高生で先生の講義を聞きにくるものもあった。法学部の大きな教室はいつも満員に近かったように思う。先生の講義は、一回ずつ、読切講談のように一応まとまっていた。毎回、部厚い書物を五、六冊かかえて教壇に上られる。書物はそのまま机の上に積み上げられている。先生はそれにはお構いなく、教壇の端から端まで行きつもどりつしながら、講義をつづけてゆかれる。

西田先生は強度の近眼であった。教壇を行きつもどりつされる先生の眼鏡が、時々、きらきらと光る。きまった内容を学生に教えている人というよりも、考えながらひとりごとをいっている人という感じであった。

時々、立ちどまって机の上の分厚い本の一冊を開けられる。それはだれか有名な哲学者の著書であった。次の瞬間、先生の口からは、著者に対する痛烈な批評の言葉がはき出される。

先生の講義の内容は、今ではすっかり忘れてしまっている。しかし、この時の先生の印象は、今も消えずに残っている。ずっと後になってから、私は度々、京都の飛鳥《あすか》井町《いちよう》や鎌倉《かまくら》の姥《うば》ケ谷《がやつ》の先生のお宅に伺うようになった。哲学と理論物理学とは、大昔は一つであった。今では、ずいぶん遠く離れてしまった。しかし西田先生とお話ししている瞬間だけは、両者の距離が大部近くなっているような感じがした。

私の家の座敷には、「歩々清風《ほほせいふう》」という先生の額がかかっている。それを見る度に、白い兵児帯《へこおび》をぐるぐる巻にしめて、少しねこ背で、考えごとをしながら、京都のお宅の近くを散歩しておられた先生の姿がなつかしく思い出される。

鎌倉やかしこのはざまここの谷深くも人は思い入りつつ

こんな和歌を作ったこともある。

さて――私が理論物理学の第一線にまでたどりつこうと一生懸命になっている間にも、新しい量子論はどんどん進展していた。量子力学という名の新しい、まとまった理論体系が、次第に完成に近づきつつあった。そのことが、私の心を少なからずいらだたせた。

私が自分で開拓すべき未知の広野は、一体、どこに残っているのであろうか。量子力学によって、原子の世界が完全に理解されてしまったら？　私が理論物理学者になろうとしたのは、手おくれではなかったろうか？　しかし、私が取越し苦労をしていたことが、だんだんはっきりとわかってきた。なるほど量子力学は完成に近づきつつある。そして、それは非常に多くの方面に応用されて、どこでも異常な成功を収めつつある。が、それはまだ、全部をおおいつくすものではない。二十世紀の理論物理学の二本の柱である量子論と相対論の中で、前者は量子力学という形で、大きく発展した。しかし相対論の方は、まだ量子力学と融合《ゆうごう》していなかった。

量子力学の中に相対論をどのように取り入れるか――別の言葉でいうなら、相対論的な量子力学を、どんな風にして作り上げてゆくか。これが理論物理学者に課せられた、大きな宿題であることが私にもわかってきた。

ところが、私が三年生になった年、即ち一九二八年に、イギリスの若い天才ディラックが、電子に対する相対論的な波動方程式を発見した。これは私にとっては大きな刺激であった。刺激であったよりも、むしろ、ちょっとしたショックであった。とにもかくにも、ディラックの新しい電子論を勉強しなければならない。私の卒業論文——といっても、別に独創性はなにもなかったが——のテーマも、ディラックの新理論に関するものであった。

このようにして、忙しかった私の大学生活の三年間は終ることになった。私はまだ何ものでもなかった。が、私の今後の研究の方向は、一つにきまった。目に見える大きな結晶はでき上っていなかったが、結晶の核はそこにあった。

マックス・ボルンの「原子力学の諸問題」の結びの一句、

「一個の結晶は明晳《めいせき》である。結晶の破片の集りは、しかし不透明である」の意味において、私はまだ結晶の破片にすぎなかった。

転機

昭和四年三月、京都大学を卒業するちょっと前に、私の心はちょっと動揺した。これからさき理論物理学をやっても、物にならないのではないか——そんな悲観的な気持になった。いっそ坊さんになろうと思った。私の心に中学時代から今日まで根深くひそんでいる厭世思想《えんせいしそう》が、この時、また頭をもたげたのである。

今も厭世思想は絶えず私の心の奥で動いている。厭世というより遁世《とんせい》といった方が当っているかも知れない。他人との交渉は、現在の十分の一以下に、引き下げて、静かに、ひっそりと暮したい。たれも相手にしてくれなかったら、それはさびしいことであろう——しかし、このさびしさにたえることも悪くないのではないか——こんな空想、さしあたって現実化の望みのない空想をたくましくして、わずかに心を慰《なぐさ》めている。

大学卒業を目前にひかえた私に、遁世の気持が起ったとしても、そんなに奇妙なことではなかったかも知れない。

大阪の東区、大阪城の近くに、長光寺というお寺があった。そこの奥さんは父の従妹《いとこ》であった。子供がなかったので、早くから養子をほしがった。私たち兄弟は、小さい時から目をつけられていたらしい。私たちは長光寺を敬遠した。

「あそこへ行くと、坊さんにされるぞ」

遁世的になった私は、長光寺を思い出した。喜んで私をひきとって、坊さんにしてくれるだろう。

四、五日の間、こんなことを考えた。しかし、それはハシカにかかったようなものであった。卒業してしまうと、そんなことはケロリと忘れていた。

玉城研究室では、大学院学生はとらない習慣であった。私たち三人は無給の副手という資格で、学生時代と同じように勉強を続けた。当時、世の中は不景気で、大学卒業生の売れ行きは悪かった。そんなことも手伝って、私の同級生には、大学に残る人が多かった。春秋《しゅんじゅう》の筆法で言えば、不景気が学者を作ったことになる。

同級生は次々と丸刈りの頭をのばし出した——いや、学生時代から頭髪をきれいに分けていたものもいる。私はあいかわらず丸刈りであった。母は背広を新調してくれた。それも滅多《めった》に着なかった。詰えりの学生服で、毎日、研究室に通った。

ちょうどこのころ、物理学教室の半分が移転することになった。東大路通り——当時の東山通りの電車は丸太町までしかなかった。それを北へ、今出川まで伸ばす計画が実現しそうになってきた。そうすると、電車が物理学教室のすぐ西を走ることになる。物理の先生方は、電車が電流計に影響を与えるから、精密な実験ができなくなる。どこか電車通りから百メートル以上離れた所へ教室を移転する必要があると主張した。

こんなことが理由となって、現在の北部構内への移転が実現した。しかし実験ができないことが理由なら、実験講座だけ移ればよいはずである。実際、予算の関係もあって、新築のモダーンな建物は物理のすべての研究室を収容するほど大きくなかった。玉城研究室も半分だけ新館へ移ることになった。運よく新量子論を勉強している私たちに、新館の一室が与えられた。古色蒼然《こしょくそうぜん》たる旧館から、できたばかりの建物に移った私は、毎日、晴れ晴れとした気分で勉強していた。

大学を卒業してからの三年間は、私の学究生活全体から見ると非常に貴重な準備時代であった。プールへ飛びこんだ水泳の選手は、最初しばらく水面下をくぐっている――そういう状態に似ている。

私の目の前には、二つの大きな研究テーマがあった。テーマというよりも、むしろそれは未開の広野であった。一つは相対論的な量子力学を、更に先へ発展さすことである。もう一つは量子力学を原子核に関する諸問題に応用することである。どちらも、大学を卒業したばかりの私には、大きすぎる問題である。私はまだ満二十二歳になったばかりである。

しかし年齢的に不足はなかった。当時、量子力学の建設発展に貢献した理論物理学者の大多数はまだ二十代であった。私より五、六年の年長者が多かった。ハイゼンベルク、ディラック、パウリ、フェルミという四人の代表的な学者は、いずれも、一九〇〇年から一九〇一年にかけて、前後して生れている。そして二十三、四歳のころには、すでに大きな仕事をしているのである。

この年の秋、ハイゼンベルクとディラックが手をたずさえて日本を訪れた。この二人の若い天才の講演を聞いたことは、私には大きな刺激になった。

私は二つの大問題を相手にして、どこから手をつけるべきか、しばらく途方にくれた。当時はまだ原子核の研究は、物理学界の主流ではなかった。ラザフォードという大先覚者が時流をぬきんでて、次々と原子核そのものに関係する画期的な研究を成しとげていた。しかし大多数の学者は、原子核の中へまで足をふみ入れることを躊躇《ちゅうちょ》していた。原子核の外をまわっている電子のふるまいを研究することで満足していた。

なぜ、大多数の学者が、原子核を問題にしなかったのか？　理由はいろいろあるが、その一つは、原子核の構造が全く不可解であったことである。物質は究極において、二、三種類の「素粒子《そりゅうし》」に帰着させ得るだろうと、多くの学者は考えていた。そして、当時、そういう素粒子として認められていたのは、電子と陽子だけであった——いや、もう一つ「光子《こうし》」というのがあるが、これについては、また後に述べる。

ところが、電子と陽子とだけから、すべての物質ができてるとすると、原子核は大きななぞとして残らざるを得なかった。いろいろの原子核の示す様々な特徴を理解することは、ほとんど不可能であった。どうやって見てもだめだと思って、多くの学者は原子核に手をつけなかった。多くの学者は、ただ漠然《ばくぜん》と、原子核の内部では、電子はよほど変ったふるまいをするのだろうと想像していただけである。

私はそこで考えた。いきなり、原子核の内部での電子のふるまいを問題にする前に、原子核の外をまわっている電子と原子核の間の相互作用を、よく調べたら、何か手がかりが得られるであろう。それには原子スペクトルの超微細構造の理論を、新しい量子力学の立場から再検討することだ。特にディラックの電子論は、すでに原子核の外では異常な成功を収めている。この理論を水素原子のスペクトルの超微細構造に応用して見よう。

私の研究生活はここからスタートした。

陽子と電子とが集って水素原子ができている。両者を結びつけているのは、いうまでもなく、電気的な引力である。しかし、このほかに、微弱ではあるが磁気《じき》的な力も働いている。陽子自身が微小な磁石でもあるからである。磁気的な力の影響で、水素原子のスペクトルに超微細構造があらわれる。ディラックの電子論に基《もと》づいて、超微細構造を理論的に決定することは、まだだれもやっていない。私はそれをやって見た。簡単に出てくる結論が二、三あった、それをまとめて、玉城先生に提出した。先生はゆっくり読んで見ましょうと言われて、教授室の金庫の中へ入れた。

それから間もなく、専門雑誌にフェルミの論文が載《の》った。私はそれを見てがっかりした。私がやりかけていたのと同じ問題を取り上げている。しかも私より一歩先へ進んでいる。

原子核構造の問題へ、踏みこんで行こうとする私は、出鼻をくじかれた。私の最初の論文は、金庫の中にしまいこまれたまま、日の目を見ない運命となってしまった。私の興味の中心は、そこでしばらく、もう一つの問題の方へ移ることになった。というのは、このころにハイゼンベルクとパウリの、量子電気力学に関する大論文が発表されたからである。この論文は、ある意味ではプランクに始まる量子論の、決算報告のようなものであった。

量子論の出現は、光の本性に関する大きななぞを学界に投げかけることになった。光が波であること――特にそれが電波の一種であることは、十九世紀末まで疑う余地のない真実として確認されていた。ところが量子論によると、光は粒子的な性質を持っていなければならない。光は「光子《こうし》」の集りであるという考えの、真実性をも否定できなくなった。

それ以来、二十数年にわたって、光の二重性――粒子、波動の二重性が、学界の大きななぞであった。ド・ブロイの物質波の理論の出現以来、この二重性の問題は、電子のような物質粒子にまで拡大した。

物質粒子の場合の二重性のなぞは、量子力学によって一応の解決を得た。光の場合の二重性の問題の、最終的解決を得るためには、電磁場を量子力学的に取りあつかう必要があった。ハイゼンベルクとパウリの量子電気力学は、この要求を満たすまとまった理論体系であるという意味で一つの決算報告だといえる。

しかし、この決算報告には、大きな穴があった。収支決算の中に、無限大という数字にならぬ数字が書きこまれていたのである。収支決算といっても、それはエネルギーに関するものである。エネルギー不滅の原理の成立する物理学の世界では、通貨はエネルギーである。単位はドルではなく、エルグである。もしも決算報告が本当につじつまがあってるなら、エネルギーに関して、無限大という数字があらわれるはずはない。ハイゼンベルクとパウリの報告に出てくる無限大を、どうしたら帳面づらからなくしてしまえるか？　これが新しい重大問題として、私どもの前に立ちあらわれたのである。

当時、私は彼等の論文を、何度も何度もくりかえして読んだ。そして何とかして、無限大という悪魔を退治しようと、毎日毎日、想をねった。しかし、この悪魔は私よりもずっと強力であった。

私たちの研究室は、できたばかりの物理学教室の二階にあった。周囲は農学部の敷地であった。南側の窓の向うに、北欧風の屋根の、傾斜の急な灰色の建物が見えている。壁の上には、一面につたがはっている。その下で数匹の山羊《やぎ》が遊んでいる。山羊は、時々奇妙な鳴声をあげた。

毎日毎日、無限大のエネルギーという、手におえない悪魔を相手にしている私には、山羊の鳴声までが、悪魔のあざけりのように聞える。

一日じゅう、自分で考え出したアイディアを、自分でつぶすことをくりかえす。夕方、鴨川《かもがわ》を渡って家路をたどるころには、私の気持は絶望的であった。平生は、私をなぐさめてくれる京の山々までが、夕陽の中に物悲しげにかすんでいる。

あくる朝になると、また元気を出して家を出る。夕方には、がっかりしている。こんな日がしばらく続いた。とうとう私は悪魔退治に見切りをつけた。何かほかの、もう少しやさしい問題を、見つけ出そうと思うようになった。

私自身が停頓《ていとん》している間にも、量子力学の応用範囲はどんどん広がっていった。原子、分子から、化学結合や固体の理論へ——量子力学は、至る所で成功を収めていた。物性論とか、量子化学といわれる、新しい専門分科ができつつあった。私はそういう方面の論文も、相当数多く読んだ。興味はあった。しかし、自分でそういう方面の仕事をして見ようという気にはならなかった。私の目は、依然として原子核や宇宙線という、未開地の方に向けられていた。ただ、どこから手をつけてよいかわからないので、一休みしていただけである。

このころの私には、自由な時間が豊富に与えられていた。今のうちに、語学の勉強でもしておこうと思った。英語やドイツ語は学校で習ったので、別に不自由はなかった。フランス語は三高時代に、夜間の講習会に出たことがある。が、昼間のくたびれが出て、眠くて仕様がなかった。講義をきいているうちに、ひとりでにまぶたが下ってくる。どんなに努力しても、目があけられない。そんな日が多かった。従ってフランス語は物にならなかった。やっと専門の書物や論文が読める程度であった。

そこで私は改めて、当時、九条山《くじよう》にあった日仏学館へ通うことにした。毎週、二日か三日、午後早い目に研究室を出た。仁王門《におうもん》から蹴上《けあげ》まで、市電の支線に乗った。——この線は今はもうないが、疎水《そすい》べりを東に進み、動物園の所で南に曲り、インクラインに並行して進んだと思うと、もう蹴上の終点である。私はこの電車が好きであった。いつも、がらあきであった。終点に近づくと、車掌は乗客の切符を取り上げてまわる。蹴上につくと、車掌は電車のまわりに半円を描きながら、ポールの綱を引っぱって方向をかえる。こういう、のんびりしたところが、私の気に入っていた。

降りた所は、古い発電所のそばで、大津《おおつ》へ行く郊外電車の線路をへだてて、すぐ向うに都ホテルが見える。大津行きの電車の線路に沿うて少し歩いて行く。両方が丘陵になっていて、路はせまい。しばらく行ってから、左側の坂道へ折れる。九条山と呼ばれる丘の中腹に、日仏学館がある。ここまで上ってふりかえって見ると、京都の街が一望の下にある。

私は、物理の研究室とはすっかり違った、このふんいきも悪くないと思った。

このころはフランス映画が、日本でもてはやされ始めていた時期である。その皮切りは、「巴里《パリ》の屋根の下」であった。私も見に行った。もう新京極《しんきょうごく》の映画館に入ることに、罪悪感を持たなくなっていた。

「なつかしの思い出に……」

という主題歌が、街で唱《うた》われていた。私も、

「彼女がはたちになった時……」

とフランス語の歌詞を覚えて、口ずさんだりしていた。

九条山の日仏学館は、当時の私が持っていた、フランスやパリに対するイメージに似つかわしいものであった。美しい木立《こだち》に囲まれた学館、そこに集ってくる人たち、——それらの全体が、私が平素、その中に置かれている環境とは大分《だいぶ》違ったふんいきをかもしだしていた。

若い人たちばかり、すでにフランス語の会話も、相当できる人が多かった。身なりや態度もそれにふさわしく、あか抜けがしていた。殊《こと》に女性は、京都や阪神方面の良家の令嬢や、若夫人というタイプの、美しい人たちであった。

私はまだ頭も丸刈りで、大学の制服を着ていた。別の世界の人間が、一人まぎれこんだような感じがした。他の人たちと、ほとんど話はしなかった。講義と講義の間の

休みの時間には、黙って京都の街を見おろしていた。手持ちぶさたであった。しかし、ここにいることが不愉快ではなかった。

フランス人の女の先生がいた。感情のこまやかな、心のやさしい人のように私には思われた。この先生の時間は特に楽しかった。この先生の仏作文の宿題の一つに、「散歩」というのが出たことがある。私は次のような意味の文章を、フランス語で書いた。

「私は街中の強い刺激を求めようとも思わない。また人里はなれた田園に出かけるには、私は不精者《ぶしょうもの》すぎる。……私の家は御所に近いので、その中を散歩することが多い。秋が一番良い。御苑《ぎょえん》内の年ふる木立《こだち》の間の路に散りしく落葉が、げたの下でさくさくとかすかに鳴る。この音は、いつまでも心の底に忘れられないひびきとなって残る。

御苑内の一つの広場では、日曜日には子供らが幾組も、方々のすみに陣取って野球をしている。広場の真中の大きな木立の影には、使い走りの小僧さんが、自転車をとめていつまでもあきずにながめている。週日は大変静かで、時折、乳母車《うばぐるま》を押して行く若いお母さんの姿などを、見かけるくらいのものである。

広場のそばの芝生《しばふ》には、二本のいちょうの木がそびえている。秋になると、黄色い落葉がそのあたりを一面におおう。よく晴れたある日の昼前のことである。二人の小さな男の子がこの木の下で、うずたかく積ったいちょうの葉を両手でかかえて、お互いに相手の頭から浴《あび》せかけ始めた。そこへ小さな犬が走ってきて、一しょになって、黄色い敷物の上をあばれまわった。

ふと見上げると葉の落ちつくした寂《さび》しいいちょうのこずえが、日の光を受けて、あざやかな桃色《ももいろ》にふちどられていた。――

私はいつも、物を考えようと思って家を出るが、途中で周囲の事物に心をうばわれ、何もかも忘れて、こころよい放心の中に家路をたどることが多い……」

私もまた、孤独なる散歩者の一人であった、しかし、私の新しい着想は、散歩の中からは生れてこなかった。

私は孤独な散歩者だった。生来、無口な私は、研究室へ出かけても、一日じゅう、だれとも話もせず、専門の論文だけを読んでいることもまれではなかった。友だちから見れば、とっつきの悪い、不愉快な人間であったろうと思う。

私はそういう状態を、良いとは思っていなかった。しかし、それから抜け出すことは、困難なように思われた。自分が不幸であるばかりでなく、周囲の人を幸福にすることのできない人間でもあると、思いこんだ。自分のようなものは、一生、孤独であるよりほかないと思いさえした。結婚はしない方がよい。何となれば、自分の自由が失われるだけで、相手を幸福にできそうもないから。——私はこんな論法で、自分の未来を演繹《えんえき》した。

勉強に疲れた私は、よくノートの端に、自分一人だけが住む一室の設計図を書いた。今でも、このころ書いた設計図の一つが、私の手もとに残っている。十畳くらいの広さの部屋に、机とイスと書棚《しょだな》とベッドがある。書物以外のものを入れる場所がないのはこっけいだが、感心に洗面所と便所がついている。これが私の住んでいた童話の世界である。いや、童話というには、あまりにも花やかな夢に乏《とぼ》しい、ひからびた、そして現実世界に向っての窓の閉ざされた小世界であった。箱庭を愛した子供が、まだそこに生きていたのである。

私の小世界の窓は、学問の世界の方に向ってしか開かれていなかった。しかし、その窓からは、私にとって十分すぎるほどの光がしじゅう入ってきた。木村正路先生が、次々と外部の学者を臨時講師としてよんでこられたことだけでも、大きな刺激であった。私が大学を卒業してから二年余りの間に、荒勝文策博士、杉浦美勝博士、仁科芳雄《にしなよしお》博士等が次々に、そしてそれぞれ違った角度から量子力学に関する講義をされた。これらの諸先生は、いずれもヨーロッパで新興物理学を身につけて帰ってこられた人たちばかりであった。中でも、特に仁科先生は、私たちに最も大きな影響を与えた。

当時、学界では「コペンハーゲン精神」という言葉がよく使われていた。コペンハーゲン大学には、ニールス・ボーア博士を所長とする理論物理学研究所があった。世界各国から優秀な理論物理学者が、ボーア博士を慕《した》ってここに集った。日本の学者でここに学んだ人も、少なくない。が、仁科先生は特に長くコペンハーゲンにおられた。

仁科先生の講義は、単なる量子力学の解説ではなかった。先生は、ボーア博士を中心とする、当時、最も優秀な理論物理学者の一団の、全体にただよっていたコペンハーゲン精神を、私たちに伝える媒体《ばいたい》でもあった。

コペンハーゲン精神とは何かと、開き直って聞かれると、私はいまだに的確な答ができない。しかし、この精神が寛容の精神と相通じるものを持っていたことは確かである。自由放任主義の教育を受けてきた私は、その点に一番心を引かれた。が、そればかりではなかった。仁科先生その人に私は引かれたのである。人見知りの激しい私も、仁科先生にだけは、何でも言いやすかった。自分の生みの父親の中にさえ見出《みいだ》すことのできなかった「慈父《じふ》」の姿を、仁科先生の中に認めたのかも知れない。

私の孤独な心、閉された心は、仁科先生によってほぐれ始めたのであった。

昭和六年の秋、ある晴れた日のことである。運命は、当時の京大の書記官――今の事務局長に当る役――であった岸興詳《きしこうしょう》氏の手を借りて、私に働きかけてきた。思いがけない縁談であった。

もっとも、それまでにも縁談は、一つや二つはあったかも知れない。しかしそれらは、たとえあったとしても、私自身が知るより前に、消え去ってしまったに違いない。とにかく、今の私にはこれ以前の縁談については、何の記憶も残っていない。従って岸氏のもたらしたものは、私にとっては最初の縁談であったといってよい。そして、それが最終の縁談ともなったのである。

相手は、大阪、今橋《いまばし》三丁目にある、湯川《ゆかわ》胃腸病院の末娘である。湯川家もまた、紀州の出身だということが、父母に先《ま》ず親近感を与えたようである。が、私の関心は、もちろん当の娘さんが、どんな人かということにある。

心ひそかに、独身主義を信条としていた当時の私が、どうして縁談に関心を持ったのか。私には説明の言葉はない。強《し》いて言えば、最初はちょっとした好奇心であったのだろう。年ごろの男性である以上、縁談があるということは、少なくとも心の底にひそむ虚栄心を、傷つけるものではない。

縁談の相手に対する関心――それは如何《いか》に弱くとも、とにかくそれは最初から存在していた。そして、それはあっという間に、強い関心に変化した。ある日、一枚の写真が、私の目の前に置かれたからである。

それは、ある婦人雑誌のグラビアの一ページであった。立姿である。長いたもとが重そうである。恵まれた家庭の娘らしく、おっとりとした表情であった。しかし、目ははればれと澄んでいた。

写真の主、湯川スミは、間もなく数え歳二十三の春を迎えようとしていた。

結婚してから妻は、私に度々言った。

「秀樹さんは、勝手に先に私の写真を見てしまった。ずるいわ」

実際、この時はまだ話が始まったばかりであった。が、私の心がすでに大分、動揺していたことは否定できない。

それから間もなく、先方からの正式の見合い写真が届いた。母は気に入ったらしく、

「頭が良さそうだね」

などと言っていた。

こちらも写真をとって渡さねばならない。母は私の丸刈りの頭を見て言った。

「頭をのばさないといけませんよ」

しかし、頭髪はそんなに一ぺんにはのびない。半分のびかけたところで、写真をと

るほかなくなった。頭の毛はびんびんと立っている。左右へ分けることもできない。着なれぬ背広も板についていない。中途半端な、実にぶざまな写真ができ上った。

今でも妻は、

「あの時の写真の秀樹さんは、陰気そうで貧弱だった」

と言って私をからかう。写真だけでなく、実際の私に対する妻の第一印象も、決して上乗ではなかったようだ。

どんな印象を与えたのかを語るためには――困ったことだが、見合いの場の光景も、述べないわけにはいかない。

見合いの場所は、大阪ホテル――今の新大阪ホテルはまだなかった。高麗橋《こうらいばし》のたもとの、小さいが落ちついた建物、それが大阪ホテルであった。

さて、これから先は、湯川スミの語る当日の印象記である。

――私はその朝、髪の飾りの花はやめておこうかと思った。そのころは、後にマゲをゆって、娘さんは、その横に大きな造花のカンザシをさすのがならいであった。

姉の伸子がそばへやってきて、

「なんで今日は、花ささへんのや？　今日こそ大きな派手《はで》なん、ささなあかへんがな。

そのうすとき色のバラが、一番ようようつるさかい、それにしときいな」

と言った。私は、

「そうかて、そんな顔がきれいや、きたないやできめる人、わたしいややもん。そんなことでええと思うんやったら、病気なんかしてやつれたら、もういやになって、捨てはるかも知れへんわ」

突然、姉は大きな声で笑い出した。

「スミちゃんらしいこと考えるんやな。そんなことあらへんさかい、さしとき、さしとき」

そう言われると、私もその気になって、造花のバラを髪にさした。黒と茶で右肩から斜に半分ずつに染めわけた地色に、肩に糸巻の模様のある羽織を着た。

父玄洋、母ミチ、姉伸子と一しょに、内淡路町《うちあわじまち》を出た、横堀川に沿って三つ目の橋を渡ると、大阪ホテルである。当時すでに父の後をついで胃腸病院長をしていた兄の蜻洋《せいよう》は、病院から直接ホテルへ行くことになっていた。

私たちが着くと間もなく、小川のお父さんが、

「やあ、おそくなりました」

と大声をあげて、愉快そうに入ってこられた。一度に皆の緊張がほぐれた感じだっ

た。その後から、なかば白い前髪に、毛たぼをたくさん入れた大きな束髪、大きな白い顔を伏目《ふしめ》がちにつつましやかに入ってこられたのが、お母さんであった。さらにその後から、岸興詳氏夫妻に囲まれて、当の相手が入ってきたが、この時はまだ相手を観察する余裕がない。

すぐに、別室で食事をすることになる。私の正面に兄靖洋、その隣りにすわった当の相手に向って、兄はしきりに話しかけている。

「大学では、どの先生の所ですか」

「玉城先生です」

一語でも少なく、最少限の返事ですまそうとしているかのよう——しかも、聞えるか聞えぬか分らぬぐらいの小さい声である。兄は話題を考え出しては、話をつづけようとする。

「だれそれを御存じですか」

「知りません」

兄は話のつぎほに困っている。私は少しずつ、気持が落ちついてきた。相手を観察し始めた。地味な茶色の背広に細かい柄のネクタイ。写真で見た通り、髪は七、八分ぐらいの長さにしか伸びていない。油気のない頭髪が、すべて後から額へ向って並んでいる。額は広く、面長《おもなが》な青白い顔に、黒べっこう縁《ふち》の大きな眼鏡をかけている。うつむき加減で、一心にナイフとフォークを動かしている。――

彼女の印象記は次の文章で結ばれている。

「少しおとなしすぎはしないかと、心配して見たりする。しかし、見かけはどうあろうと、真面目《まじめ》な秀才であると父母から聞いていたことに、間違いはなさそうだ。一生を託してもよい人だろうと思う」

私の方の印象では、彼女は無邪気《むじゃき》で、世間的な苦労は全然知らないおぼこ娘としか思われなかった。ところが実際は彼女の方が、私よりずっと分別があったようだ。それにくらべると私の方は、まるで運命にあやつられる道化人形《どうけにんぎょう》だった。あるいは「かいこ」が「さなぎ」に変って行く、昆虫の変態のようなものだという方が、当っているかも知れない。

とにかく話は、順調に進んでいった。一か月ほどして私と母とが、大阪の湯川家を訪問する。その次には先方から母と二人で、私たちの京都の家に訪ねてくる。――このころには話はまとまりかけていた。先方の二人と私とが、一台の自動車に乗って「しがらき」という宿屋を見に行くことになった。

結婚前の交際中に、宿屋を見に行くというのは変だが、それには理由があった。

もしこの縁談が成立すれば、同時に私は湯川家の人となる話合いになっていた。私にとっては、それは異例なことではなかった。私の実父も母方の祖父も、そろって他家からきた人であった。先方の湯川玄洋という人も養子であった。生れた時は坂部《さかべ》譲三郎という名であった。

坂部家は、相当な格式の武家であった。譲三郎の父は一徹な人であったらしく、主人に諫言《かんげん》して容《い》れられず、切腹を仰せつけられた。家は没落し、譲三郎は小さい時から兄嫁に育てられ、大変苦労した。和歌山県立師範を卒業して、日高《ひだか》郡比井崎《ひいさき》村の小学校に奉職した。そのころ、村長をしていた湯川玄碩《げんせき》に見こまれて養子となった。湯川家は代々医者だったので、譲三郎も家業をつぐことになり、名も玄洋と改めた。

比井崎村は、安珍《あんちん》、清姫《きよひめ》の伝説で名高い道成寺《どうじょうじ》からは遠くない。日高川の下流から、少し西北方によった海辺の村である。湯川の家も比井崎湾に面して、ながめがよい、その代り、時々津波におそわれた。玄碩は医者をしながら、一生を村長として村の世話をやいた。私の養母となった人の名がミチというのも、玄碩が村に新しい道路を開いた時に生れたからである。

玄洋はその後、当時の京都府立医専——今の京都府立医大——を卒業して、四国の伊予《いよ》で開業した。それから紀州に帰り、比井崎村に近い御坊《ごぼう》の町に医院を開いた。仕事に熱心な上に、なかなか勉強家でもあったようだ。そのころ、出版した「胃腸病療養新書」という本が、大変よく売れたらしい。その印税で、ドイツ留学の夢が実現した。

ドイツから帰ると、今度は大阪で開業した。湯川スミが生れる前に、今橋三丁目の胃腸病院ができ上っていた。「食い倒れ」の大阪に胃腸病院を開いたことは、成功であった。朝早くから午後三時ごろまでかかって、毎日百人前後の外来者を、診察しなければならないほど繁盛《はんじょう》した。入院患者の回診もしなければならない。それがすむと往診に出かける。ずいぶん過激な労働である。そのために心臓をいためた。私たちの縁談が始まったころには、長男蜻洋《せいよう》に家業を譲り、家に引っこもって静養につとめていた。

湯川玄洋の風貌《ふうぼう》を想像してもらうには、夏目《なつめ》漱石《そうせき》の「行人《こうじん》」の一節を借用するのが、一番手っ取り早い。

――院長は大概黒のモーニングを着て医員と看護婦を一人ずつ随《したが》えていた。色の浅黒い鼻筋の通った立派な男で、言葉遣いや態度にも容貌《ようぼう》の示す如《ごと》く品格があった。三沢は院長に会うと、医学上の知識を丸でもっていない自分たちと同じような質問をしていた。

「まだ容易に旅行などは出来ないでしょうか」

「潰瘍《かいよう》になると危険でしょうか」

「こうやって思い切って入院した方が、今考えてみるとやっぱり得策だったんでしょうか」

などと聞くたびに院長は

「ええまあそうです」

ぐらいな単簡な返答をした。……

これは三沢という人物が、胃を悪くして大阪の病院に入院している時の話である。小宮豊隆《こみやとよたか》氏の「夏目漱石」によると、漱石は明治四十一年、胃潰瘍《いかいよう》を患《わずら》って、湯川胃腸病院に入院している。「行人」は大正元年から二年にかけて、朝日新聞に連載された。漱石が「行人」の中で、玄洋を目に浮かべながら書いていたことは確かである。しかし、私が語ろうとしていたのは、それから二十数年後のことである。昭和七年の一月ごろであったろう。寒い日であった。私たち三人を乗せた自動車は、冬の陽の弱くさす京の町を走っていた。

やがて車は、東三本木《ひがしさんぼんぎ》の、あまり広くない路へ入っていった。着いた所は、古びた家であった。細い路地の奥に玄関がある。その上に中二階が見えている。奥へ通って行くと、向うに鴨川の流れが見える。川に面した二間つづきの部屋は、畳も新しく、壁も塗りかえられている。はりかえた障子の白さもさわやかである。

障子をあけると東山が真正面に見える。結婚は成立するものとして、しばらくここを借りて住まわせようと、両家で相談がまとまっていたらしい。一しょにきた他の人たちは、別の部屋で「しがらき」のおかみさんと、いろいろ交渉していたようだ。

残された二人は、窓ぎわに立って、外の景色《けしき》をながめていた。

「いい景色。……あの橋なんという橋ですの？」

「荒神橋です。……僕は毎日、あの橋を渡って学校へ通ったんです」

私はいつもより、おしゃべりになっていた。橋の向うを指さして、

「あれが大学の時計台です。以前は、あのすぐそばに物理教室があったのです」

「しがらき」は私たちの気に入った。が、私たちは結局、ここには住まなかった。四月初めに結婚した私たちは、大阪の内淡路町に住むこととなった。そして私は天満橋《てんまばし》

から京阪電車に乗って、京都大学へ通うことにした。

このころの私の心理は、後から考えて見ても不可解な点が多い。私の身の上に急激な変化が起り、それと共に私の気持も非常に不安定になっていたらしい。

変化は家庭的なものだけではなかった。結婚も間近い三月のある日、玉城先生は私に、理学部講師として、四月から量子力学の講義を始めるように申し渡された。環境の変化に対して、すばやい適応のできない私の心は、度を失っていた。

苦楽園

私は物心ついてから、ずっと京都で暮してきた。大阪については、ほとんど何も知らなかった。縁談が始まってから、初めて大阪の町を何度も往来することになった。梅田《うめだ》の駅前は狭く、ごちゃごちゃしていた。しかし、そこには京都とはまた違った魅力があった。大阪の町にみなぎる活気を、私は感じ取ったのであろう。

内淡路町のあたりは、古い大きな家がつづいていた。しかし、西へ行けば横堀川が流れている。いくつもの橋の上を、ひっきりなしに人が通る。北へ行っても、南へ行っても、東へ行っても、問屋街がある、商店街がある。皆が忙しそうに動きまわっている。

京都のような美しい自然は、そこにはなかった。その代り活動的な人間がそこにいた。私が大阪へ移り住むことに決めたのも、この新しい環境の中で、生れ変りたいと思ったためかも知れない。

この年の初めに、真理への旅路の同行者、朝永《ともなが》君は東京へ去った。理化学研究所に新設された仁科研究室で勉強することになったからである。つきあいの悪い私、孤独者と自認している私にも、内心それはさびしいことであった。しかし、それがまた、私を新しい土地に行かせる動因の一つとなったのかも知れない。

三月から四月にかけて、あわただしい日々が私を追いたてる。整理しきれない内容がごちゃごちゃに入った大きなふろしき包みをさげて、路を急ぐ旅人のようであった。四月三日に結婚式をあげたが、新婚旅行に行く暇はない。そんなことをゆっくり計画している心のゆとりもない。新学期が始まったら、私は物理教室の教壇に立たねばならぬ。私たち二人は、大阪から和歌山まで日帰りの旅行——というよりも、遠足をしただけであった。

養父玄洋は、娘の結婚の気づかれも加わって、一層弱った体を休めるために、式がすむとすぐに新和歌浦《しんわかうら》へ転地した。二、三日たって、私たち二人は養父を見舞いかたがた、和歌山へ出かけた。養父は昔からなじみの、新和歌浦の望海楼の、奥の部屋に泊っていた。窓の外は、直ぐに海で、蓬萊岩《ほうらいいわ》という名の岩が目につく。妻が自分で作って持参したフランス風のスープを出すと、養父は大喜びであった。この喜びの中には、私たちの結婚に対する満足の気持もふくまれていたであろう。

宿の裏山のあたりは、桜が満開だという。雨がぽつぽつと降りだしていた。私たちは宿の傘を一本借りて、あたりをぶらぶらした。宿へもどって養父と三人で食事をしているうちに、雨は本降りになってきた。

しかしせっかくここまで来たのに、桜の名所、紀《き》三《み》井《い》寺《でら》にも寄らずに帰るのは残念であった。お寺は石段を何段も何段も、あがった高い所にある。私は、ひとり身の時と同じように足ばやに上って行った。ふりかえると、紫のコートを着て、中歯のげたをはいた妻は、おくれまいと息を切らしている、私はもはや、孤独な旅人ではなかった。助け合って歩んで行くべき道連れがあったのである。雨の中に桜は満開であった。

——

春休みは、またたく間に終った。物理学教室の掲示板には「湯川講師、量子力学、四月某日開講」と、はり紙がしてあった。春休みの間に、私の姓が変ったことを知らない学生たちは、

「湯川講師って、聞いたこともない名前だ。だれだろう」

と、いぶかった。

生れて初めての私の講義を聞く学生の中には、物理の三年生になったばかりの坂田昌一君や、小林稔《こばやしみのる》君もいた。この二人は一番熱心であり、また量子力学の理解も深

かった。その次のクラスには、武谷三男《たけたにみつお》君がいた。この人も早くから、私の注意をひいた。この三人が、後に私の研究の最も有能な協力者となったのである。

しかし、これらの人たちも、私の講義そのものからは、大した感銘を受けなかったらしい。例えば武谷君によると、

「湯川氏の講義は、別に特徴といったものはなかった。だいたいディラックの教科書の方式が採用され、はなはだ要領のよいものであった。湯川氏の印象は、ひどくやさしい人だと思った。声もやさしく子守歌のようで、とくにどこを強調するでもなく、すらすらと進み、眠りを誘うにもってこいであった」

また、小林君の話によると、私の声はよっぽど小さかったらしい。それに黒板の方を向いてしゃべるので、よけいに聞きとりにくかったらしい。後年、外国で度々演壇に上ってしゃべらされたが、たいていの場合、

「プリーズ・スピーク・ラウダー」もっと大きな声で話して下さい、と言う声がかかった。

しかし、私にとっては講義よりも、もっと大変なことがあった。六年ほど前に、量子力学の出現によって引き起された物理学界の騒ぎは、一応収まっていた。しばらくは比較的、平穏な時期が続いていた。ところが突如《とつじょ》として、再び狂瀾怒濤《きょうらんどとう》が起った。

そして、いよいよ私自身も、その中に巻きこまれることになったのである。

昭和七年、すなわち一九三二年は、物理学界にとって、――私自身がそうであったより以上に、多事多端な一年であった。一つだけでも画期的な発見といってよいような事件が、三つも続けざまに起った。第一は中性子の発見、第二は陽電子の発見、第三は加速器による純粋に人工的な原子核破壊の成功である。今日、原子物理学といわれる学問――正確にいえば原子核物理学――は、それまでは片すみで小さくなっていたものだ。それが、今述べた三つの事件を契機として、一ぺんに物理学の主流になってしまったのである。

この三つは、どれもこれも大きな事件である。が、理論物理学にとって特に重要な意味を持っていたのは、中性子の発見である。それまで陽子と電子という二種類の素粒子だけで、何とか原子核の模型を作ろうとして失敗し、大方あきらめていた理論物理学者たちは、急に生気を取りもどした。中性子という第三番目の粒子――いや、間にもう一つ光子をはさむなら、第四番目の粒子――こそは、原子核のなぞを解く最初のカギであったのである。原子核を陽子と中性子の集合体と考えたらよいだろうという着想は、このころおそらく相当数の物理学者の頭の中で、ほとんど同時にわいただろうと思う。

しかし、その中で新しい原子核構造論を、一番体系的に展開したのは、ハイゼンベルクであった。私はその重要性を認め、日本数学物理学会会誌に、彼の論文の相当詳しい紹介を書いた。それと同時に、私は更に一歩先へ、そして更に奥深くふみこんで行こうと決心した。

私が取り上げたのは、陽子とか中性子とかいうような、原子核を組立てている素粒子の間に働く力、——いわゆる核力の本質は何か、という問題であった。

こういう難問題の解決を自分に課した私は、当然、相当の苦行《くぎよう》を覚悟しなければならなかった。実際、昭和七年の秋から九年の秋までは、私にとって、最も苦しい二年間であった。が、苦しいということそれ自体が、同時に楽しいことでもあった時期である。重い荷を背負った旅人が、上り坂にさしかかったようなものであった。

この二年間に、私は学究者としての大きな苦しみと楽しみとを体験しただけではなかった。家庭の中に、社会の中に生きてゆく人間としても、様々な新しい貴重な経験をした。

住みなれた京都の町と、新しく移った大阪の町とは、いろいろの点でずいぶん違っていた。一つの重要な点は、京都にくらべて大阪の空気が、乾燥していることであろう。そのせいか、私は大阪にきてから食欲が増進した。私の顔色が青白すぎると、第一印象で感じた妻も、少し血色がよくなってきたと安心した。

しかし大阪の空気は、よいとはいえなかった。数多い工場の煙突から出る煤煙《ばいえん》が、内淡路町の家へも、どんどん飛んできた。ガラス戸に少しでもすき間があると、縁側は煤煙でざらざらになる。きれい好きの養母は、たびの裏がすぐ真黒になるのをきらった。女中は縁側のふき掃除《そうじ》に忙しかった。庭の木も生気がなかった。京都の樹々の美しいみどりとは、比較にならぬ暗い色をしていた。

内淡路町の家の中は、いつもきちんと整頓《せいとん》されていた。どの部屋にも書物がはんらんしている塔之段の家とは、すっかり様子が違っていた。男兄弟が多く、父の大声になれていた私は、内淡路町の家の中が、異常に静かなように感じた。養父は少ししゃべると息苦しくなるようであった。一日じっと同じ所に座っている日が多かった。時々苦しそうにせきこんだ。立って歩くことも大儀《たいぎ》そうであった。壮年時代に余り働きすぎて、心臓が弱ってしまったのである。

養父はドイツ留学中に、隣りの部屋のソプラノの練習に、大分なやまされたらしい。帰ってからは、すっかり日本趣味、あるいは東洋趣味になってしまった。自分は書画やすずりを集めたり、せん茶にこったり、南画を習ったりした。一時、義太夫《ぎだゆう》もけいこしたらしい。家内の者にも、南画を習わしたり、長うたをけいこさせたりした。妻は四歳の時から山村流の舞を始めた。

こういう家の中に、かもしだされているふんいきは、塔之段の家のそれとは大分《だいぶ》違っていた。最も先端的な学問を勉強している私には、それと正反対のものとして、かえって素直に受け入れやすかった。疲れた頭、いらだった神経に、やすらぎを与えてくれるように思われた。

それればかりではなかった。違った環境の中に置かれることによって、私の物の考え方は知らぬ間に変化した。一つの考え方を唯一絶対として、それに執着するがんこさ、偏狭さから徐々に解放されていった。それと同時に、私に欠如《けつじょ》していた積極性、行動性が、だんだんあらわれてきた。

環境は変った。そして私の心の中にも、変化が起りつつあった。世間に向って閉ざされていた心の窓が、徐々に開かれつつあった。しかし自分の思っていることを、うまく表現できないもどかしさは、まだ残っていた。養父母とも、どうしても必要な場合以外は、話をしなかった。別に恐れているとか、きらっているというわけではなかった。ただ、性来の無口が、一ぺんには直しようがなかっただけである。

京都へ出かけて、勉強するだけでも疲れる。その上に新しい生活が、神経を余計に使わせる。私は軽い不眠症になっていた。寝室の戸が鳴ると、戸締りをたしかめに行きたくなる。軒先で物音がすると、

「あれは何の音だろう？」

と、思わずつぶやく。

「猫が歩いてるんやわ」

「いや、もっと重いものらしい」

物音が聞えなくなっても、目がさえてしまって、もうなかなか寝つかれない。翌日は別の部屋で寝ることにした。やはり寝つかれない。次の日は、もっと広い部屋に代って見た。

そんなことをつづけている中《うち》に、広い家中の部屋をほとんど全部試してしまった。養父母はそれに対して、一言も口をはさまなかった。いや、最後に養父が、妻に一言ぽつりと言った。

「もうほかに部屋はないよ」

後で考えると、このころの私の精神状態は、やや異常だったに違いない。私は自分のふがいなさにいらいらしだしていたことは確かである。大学を卒業して、すでに三

年を経過している。その間に私は何を獲得したのだろう。知識は獲得したかも知れない。が、創造的な活動をしたであろうか？　理論物理学者として、わずかでも学界に貢献《こうけん》したであろうか？

私はやや、あせっていた。しかし養父母も妻も、私が余念なく勉強していることだけで、すっかり満足していた。思えば、私は恵まれた人間であった。結婚して間もなく、実父が内淡路町の家を訪ねてきた時のことである。

「秀樹を一度、外国へ留学させて見ませんか」

養父は、

「そうですね。よく考えて見ましょう」

と答えた。当時は日本と、ヨーロッパやアメリカの貨幣価値の差が少なかった。それどころか、第一次大戦の後など、ヨーロッパ諸国、特にドイツのインフレで、円貨が大変ねうちのあった時期もある。そんなわけで、当時は私費留学は珍らしくなかった。

この話を聞いた私は、しかし、言下にことわった。何か、自分の仕事を一つ仕上げた上でなければ、外国へ出かけたくなかった。研究のテーマは、自分でさがし出す。そして自分の力で、やれる所までやって見たい。何度失敗してもよい。もし成功したら、その上で外国の学者とも話し合おう。

こんな風に考えた。これは一種の我執《がしゅう》である。虚栄心といってもよいかも知れない。うぬぼれであるかも知れない。それもあるであろう。

しかし、私が一番恐れたのは、日本であろうと外国であろうと、自分のやりたくない問題を押しつけられることであった。私は自分の研究に、知・情・意の三つをふくむ全智全霊を打ちこみたかった。中途半端な気持では、研究の全然やれない、厄介《やっかい》な人間であった。


結婚してからの一年間は、外面的には大した波乱もなく過ぎた。

その間、私は毎朝、天満橋から京阪電車に乗った。今と違って電車はカーブの多い線路をゆっくり走っていた。沿線のながめは、しかし、今も昔も余り変らない。もうすっかり見なれた景色《けしき》を、ぼんやりながめる私の頭に浮んでくるのは、やはり核力の問題である。

一体どこに、解決の手がかりを求めたらよいのであろうか。核力という、新しく登場してきた力は、それまでに知られていた様々な種類の力と、どう関係しているのであろうか。

自然界に働いているいろいろな力の大多数は、第一次的な力ではない。例《たと》えば、分子引力や化学結合力といわれているような力は、なかなか性質が複雑である。それで長い間、その本質がつかめなかったが、量子力学の出現によって、結局、原子核や電子の間に働く電気的な引力や斥力《せきりょく》を、第一次的な力と考えると、分子引力や化学結合力は、それから導き出せる第二次的な力にすぎないことがはっきりした。このようにして、量子力学の出現後も、第一次的な力として残ったのは、万有引力と電磁気的な力だけであった。

これらの第一次的な力は、どちらも力の場として表現される。力の場というのは、空間のそれぞれの点に与えられた、潜在的な能力——そういう能力の分布のようなものである。ある点の場がわかっておれば、そこへ何かが来た時に、どのような力を受けるかがきまる。例《たと》えば、ある点の電場と磁場とがわかっておれば、そこへ通りかかった粒子がどんな力を受けるかがきまってしまう。もっとも、この力は粒子の荷《にな》っている電気の大きさや符号《ふごう》、それから通りすぎる方向や速さによって違ってくるが。

——

そんなら、新しく登場した核力は、第一次的な力であろうか。それとも万有引力や電磁気的な力から導き出される第二次的な力だろうか。これが先《ま》ず問題である。ところが、万有引力はこの場合問題にならない。なぜかといえば、陽子や中性子のように小さな質量の粒子の間に働く万有引力は、恐ろしく微弱である。それは、原子核というような強固な結合体を構成するには、あまりにも弱い。電磁気的な力の方は、もっとずっと強い。しかし、それでも核力の元になるには少し弱すぎる。弱いどころか、原子核の中で陽子や中性子を互いに引きつけ合う力にならずに、逆にお互いに反発さす力を、結果しそうである。なぜかといえば、中性子は全体として電気を持たぬ中性の粒子であるから、他の粒子との間に大きな電磁気的な力は働きそうもない。陽子同士はお互いに反発する。――

とにかく、よほど奇妙なことを考えなければ、核力を電磁気的な力から、二次的なものとして導き出せそうもない。従って核力は万有引力や電磁気的な力には還元できない、第三の力であろう。すると、核力もまた力の場として表現できそうである。

核力の場という考えは、私は早くから持っていた。ところが量子力学の立場から、力の場を考察すると、ほとんど必然的に、場に付随する粒子の存在を認めなければならなくなる。現に電磁場に付随する粒子として、私どもは「光子」の存在を認めているのである。

こういう風に推論すると、今にも結論が出てしまいそうであるが、私の頭はそう速くは回転しなかった。一足飛びに結論に到達するまでに、一度、より道をせざるを得なかった。

未知の世界を探究する人々は、地図を持たない旅行者である。地図は探究の結果として、できるのである。目的地がどこにあるか、まだわからない。もちろん、目的地へ向っての真直《まつす》ぐな道など、できてはいない。

目の前にあるのは、先人がある所まで切り開いた道だけである。この道を真直ぐに切り開いて行けば、目的地に到達できるのか、あるいは途中で、別の方向へ枝道をつけねばならないのか。

「ずいぶんまわり道をしたものだ」

と言うのは、目的地を見つけた後の話である。後になって、真直ぐな道をつけることは、そんなに困難ではない。まわり道をしながら、そしてまた道を切り開きながら、とにかく目的地までたどりつくことが困難なのである。

昭和七年に私のいた地点は、後で考えると、目的地にかなり近かったのである。核力の場の性格を追究し、この場に量子力学を適用したならば、簡単に「中間子」の概念に到達し得たはずである。ところが実際は二年間、暗中模索をつづけなければならなかったのである。

私が出発の地点において持っていた、主要な情報は何であったか？

第一は、この自然界には陽子と中性子と電子と光子という、四種類の素粒子が存在するということである。通常の意味の物質は、すべて陽子と中性子と電子とから組立てられる。電磁場は光子の集りとも見直せる。ということは、電磁気的な力は、光子のやりとりによって起ると見直せることである。例えば陽子と電子の間に、電気的な引力が働くということは、両者の間で始終《しじゅう》、光子のやりとりが行われていることと解釈できる。この場合、光子は、陽子と電子の間のキャッチ・ボールの球の役目をしているのである。

当時、知られていた素粒子は、これだけである。――いや、もう一つある。陽電子というのが、新しく見つかった。しかしこれは、電子と別なものではない。ディラックがその存在を予言していた所の「電子の穴」――言いかえると、電子に対する反粒子である。電子というものを考える時には、必然的に陽電子も一しょに考慮する必要があった。

第二は、原子核が、陽子と中性子とからできているということである。そして、それらの間に働く核力は、電気的な力よりもっと強いということである。そこで、もしも核力の場を、陽子、中性子間のキャッチ・ボールと見直したなら、その球の役目をする素粒子は何であろうか。これが問題の焦点になる。

ここで候補者として、先ず名乗りをあげたのは電子であった。実際、当時としては、陽電子もふくめた広い意味の電子のほかに、候補者が見当らなかったばかりではない。電子は確かに有力候補のように見えたのである。何故《なぜ》かといえば、電子は原子核の外をまわっているばかりではない。原子核の中からも、飛び出してくる場合がある。放射性原子核から出てくるベーター線の本体は、通常の電子、または陽電子である。すでにハイゼンベルクも、キャッチ・ボールの球は電子であろうという考え方を、発表していた。私も最初、この線に沿って、先へ進むことを試みた。

昭和八年四月、仙台で日本数学物理学会の年会が行われた。会場は東北大学であった。私はこの学会で、生れて初めて研究発表を行った。それは「核内電子について」という演題であった。

私はこの研究に、あまり自信がなかった。この研究は結局、論文として雑誌に発表はしなかった。くわしく調べて見るまでもなく、電子を中性子、陽子間のキャッチ・ボールの球とする考えには、いくつも無理があった。第一、電子のスピンとか統計とかいう一番基本的性質が、すでにキャッチ・ボールの球として不適当であった。私はしかし、無理と知りつつも、ディラックの波動方程式を満足する電子場を、そのまま核力の場として取りあつかおうとした。この学会の席上で、仁科先生は、ボース統計を満足する電子を考えたらどうだろうと、示唆《しさ》されたのももっともだと思った。

しかし当時の私の頭の中には、何とか既知《きち》の素粒子だけで、この自然界を理解したいという、保守的な気味がまだ強く残っていた。

そればかりではない。普通の電子と違った電子があるなら、それは当時でも既に、実験室内でも作れるはずであった。そういうものは見つかっていない。――そんな心配が先に立つので、私はまだ飛躍できなかった。

この学会の時に、私は八木秀次《やぎひでつぐ》先生にお目にかかった。これが、私の身の上に重要な変化を起させるきっかけとなった。八木先生は、長らく東北大学の電気工学の教授であった。ところが、昭和六年に、大阪に新しく総合大学ができることになり、昭和七年から大阪大学の理学部物理学教室の、主任教授を兼ねられることになった。家族の方々はすでに、阪神間へ移られた後であったろう。八木先生は仙台の知人の大きな邸宅を借りて、一人住んでおられた。

私の長兄は、当時やはり東北大学にいた。私が大阪へ住むようになったので、新しくできた大阪大学へかわらせようと思っていた。長兄の紹介で、八木先生のお住居を訪れたのである。

立派な応接室に通された。たそがれ時で、部屋の中は暗くなり始めていた。こちらは無名の学徒である。一面識もない八木先生がどんな人か、全く見当がつかない。しばらく待っている間にも、何を話してよいか、とまどっていた。

長い廊下を歩く足音がして、八木先生が入ってこられた。先生はいきなり、阪大理学部の様子を、何もかもさらけ出して話された。黙ってきいている私の中には、先生に対する信頼感が急激に増大した。阪大で勉強さしてもらう決心が、一ぺんにきまってしまった。

大阪大学の初代の総長は、私の尊敬する長岡半太郎先生であった。新設の理学部には、まだ教授の人たちも少数しか、きておらなかった。建物もなかった。五月に、阪大理学部の講師も兼ねることになった私は、田簑橋《たみのばし》の北側にある阪大病院の直ぐ北隣りの、塩見理化学研究所の一室の一隅に机を与えられた。大阪駅の近くで、交通のはげしい、やかましい場所であった。近くでは、病理試験用の犬を飼っている。しじゅうキャンキャンという苦しそうな犬のなき声が聞えてくる。山羊《やぎ》の声の聞えてくる京大の研究室とは、全く違った環境である。

話はちょっともどるが、昭和八年四月、仙台の学会から帰ると間もなく、長男の春《はる》洋《み》が生れた。私も人の親となったのである。

そしてまた、大阪大学という、全く新しい研究組織の中に入ってゆくことになったのである。新設の理学部は、一種の寄合世帯であった。東京大学系統の人たちが主流ではあったが、他の大学からも参加した。教授に予定されていた人たちの中には、私より五つ六つぐらい年上の新進気鋭の学者が多かった。そんなわけで、古い大学に見られない、清新の気がみなぎっていた。

物理学科の教授としては、八木先生の他に、岡谷《おかや》辰治《ときはる》教授、浅田常三郎教授が、塩見理化学研究所から移って来た。岡谷教授は相対性理論が専門であった。私はその講座所属の講師ということになっていた。しかし、当時は相対性理論には、それほど興味を持っていなかったので、岡谷教授とはほとんど無関係に勉強していた。理論物理学はもう一講座あった。友近晋《ともちかすすむ》氏が教授として間もなく赴任してきた。原子核実験の講座の担任者として予定されていた菊池正士氏も、時々やってきた。

田簑橋の南側、医学部のもう一つ南に建設されつつある理学部の新しい建物には、地階と一階をぶちぬいた、当時としては異例の大きな部屋ができることになっていた。

そこにコッククロフト・ウォルトン型の加速器がすえつけられ、菊池氏が中心となって原子核破壊の実験が始められる予定であった。

菊池氏を中心とする原子核研究グループが、まとまりつつあったので、私もそれに参加することになった。同じ教室の中で、理論と並行して、原子核実験が開始されようとしていることは、私にとって大きな刺激であった。

この年——昭和八年の夏から、私ども一家は苦楽園に新しく建った家に住むことになった。この家が、私にとって忘れることのできない、思い出の家となったのである。

苦楽園といっても、今はその名を知っている人は少ないであろう。大正のある時期には、一時、阪神間の高台にある別荘地、避暑地として、繁盛したことがあった。私どもが移り住んだころには、もうさびれていた。その代り、昔日の隆盛をしのばせる、廃墟《はいきょ》の趣きがあった。

阪急電車の夙川《しゅくがわ》で乗りかえ、支線の苦楽園口で降りる。当時のバスで十五分ぐらい——松林とたんぼの中を走ってゆくと、途中から坂道になる。六甲連山《ろっこうれんざん》の東端に近い丘の中腹に、ちらほらと家が見える。それが苦楽園である。

前の年の夏じゅう、私たちは苦楽園に、一軒、家を借りて住んだ。養父の健康のためでもあったし、また養母が大阪の家を開け放すと、煤煙《ばいえん》が容赦《ようしゃ》なく入ってくるのをきらったためでもあった。私たちにとっても、それは有難《ありがた》いことであった。南に向いた山の中腹で、空気が乾燥している上に、思ったより涼しかった。養父も大変気に入ったらしかった。バスの終点近くに土地が空いていたので、それへ家を建てようと言いだした。

新しい家は、見晴《みはら》しが素晴しかった。心臓病で身体をあまり動かせない養父は、一日じゅう、南側の窓に近いところにすわって、遠くに見える海をながめていた。

夕食後のひとときを、私たちは窓ぎわにならんで、遠くに点々とともって行く、西《にし》宮《のみや》や尼崎《あまがさき》の灯、走って行く電車のあかりを、あきずにながめたものである。

私は苦楽園から、京都大学と大阪大学へかわるがわる出向いていた。その間も、私の研究はつづいた。しかし、はかばかしい進展は示さない。後になって考えて見ると、このころ私の頭の中には、中間子論の芽となるようなアイディアが、何度かひらめいたようだ。しかし、それは、暗やみを瞬間的にてらして、後はまた元の暗やみにもどってしまう、稲妻《いなずま》のようなものであった。このひらめきを持続させ、成長させるに必要な何物かが、私の頭の中で、まだ熟していなかったのであろう。

日曜日などには、私は苦楽園のあたりを散歩した。妻は赤ん坊の世話に忙しく、家にひきこもりがちであった。家の前には桜の並木がつづいていた。家から西南の方へ降りてゆくと、赤松の林の中に池がある。赤いれんが建ての古風な洋館が見える。苦楽園ホテルである。かつては、冷泉をわかして、避暑客をひきつけたらしい。文人墨客《ぶんじんぼっきゃく》が、ここに足をとどめた時代もあったらしい。私がそのあたりをさまよったころには、さびれきっていた。れんがの上に、つたかずらが生い茂って、人がいるかいないかわからないくらいであった。

家から東北の方に向って坂を上ってゆくと、木立《こだち》はまばらになり、白い岩はだが露出している。ながめはますます広くなってくる。丘を上りきった所に、大きな池がある。真青な水をたたえて、静まりかえっている。周囲の白い岩山との対照が美しい。

池の向うに、石造の建物が一つぽつんとある。円柱形の洋館である。一見、西洋の古城のような印象を受ける。その影が、池にはっきりとうつっている。私は小学生時代に愛読した、グリムの童話の世界にきたような思いであった。あの円柱形の洋館には、魔女が住んでいる。誘拐《ゆうかい》された王女が、あの中で眠っている。私はこんなことを空想して見たりした。

円柱形の建物に近づいて見ると、入口のとびらもなくなっている。人の住んでいる気配《けはい》はない。中には、ハイキングの人たちが残していった弁当ガラが、散らばっているだけである。この洋館は、ホテルにするつもりで建てられたらしい。それが、とうとう完成せずに終ったもののようだ。

あたりには人影もない。私は二階に上って、しばらく、このエキゾチックなふんいきを楽しんだ。

五月になると、家のあたりは、満開のつつじで美しかった。十月には赤松の林の中で、松たけがとれたりした。――

苦楽園の散歩は楽しかったが、やはり私の頭の中に、新しい着想を呼び起してはくれなかった。

そうこうする中《うち》に、昭和九年となった。理学部の新館ができ上った。四月から、この三階建ての堂々たる建物の中へひきうつることになった。建物の前は、すぐ道路である。梅田の貨物駅へ向う、交通のはげしい道である。トラックがひっきりなしに往来する。ここにいると、何か仕事をせずにおられないような気持になる。このころの私は、後から追っかけられるような、気持であった。自分の研究に目鼻がつかないことに、じりじりしていた。

私は京大をやめて、阪大の専任講師になった。そして新学期から、私のあまり得意でない電磁気学の講義を、始めることになった。しかし私の頭の中は、相変らず核力の問題で一杯であった。

このころのある日、私は新着雑誌の中に、フェルミのベーター崩壊の理論に関する論文を発見した。読んでゆく中に、私の顔色は変ったに違いない。一度ならず二度までも、フェルミに先を越されてしまったのではないか。――私は直《す》ぐに、そんな風に思った。そう思ったのは、次のような理由からであった。

原子核の中性子が、陽子に変って、そのとたんに電子が飛びだす。――あるいは逆に、陽子が中性子に変ったとたんに、陽電子が飛びだす――それがベーター崩壊であると、考えられてきた。しかし、この考えには大きな穴があった。というのは、もしも電子または陽電子だけが、単独で発生するのなら、エネルギー不滅の原理が、この場合は成立しないことになるからである。

この点をめぐって、数年来、様々な議論がなされてきた。ボーアなどは、エネルギー不滅の原理が成り立たなくても、仕方がないのではないかという考えであった。私が、核力を電子のやりとりで説明しようとして、うまくゆかなかった理由の一つは、この辺にあった。ところがパウリは、昭和六年、すなわち一九三一年に、ある学会で次のような考えを提唱していたのである。

ベータ崩壊の際には、電子、あるいは陽電子が単独に飛び出すのではないだろう。ニュートリーノ、あるいは中性微子と呼ばれる粒子が、一しょに出ているのではないか。それが、エネルギー不滅の原理を満すに必要な、エネルギーを持ち逃げしているのではないか。パウリのこの説を、私は知らなかった。フェルミは、パウリの考えに基《もと》づいて、ベータ崩壊の理論を展開したのである。

私はこれを読んで、直ちに考えた。核力の問題も、これで解決できるのではないか。つまり、陽子や中性子が、しじゅう電子と中性微子の一対《いっつい》をやりとりしていると、考えたらよいのではないか。キャッチ・ボールの球は一つでなくて、二つ一しょになっていると考えればよいのではないか。

私がこんなことを考え始めたころには、もう外国でも同じようなことを、試みる学者が二、三出てきた。ソ連のタムとイワネンコの研究の結果が、間もなく雑誌にあらわれた。しかしその結論は、否定的であった。電子と中性微子の一対のやりとりによって生ずる力は、核力とはくらべものにならないほど弱いものにしかならないことが、判明したのである。

この否定的な結果が、私の元気を回復させた。そしてまた、私の目を開かせた。核力の場に付随する粒子を、既知《きち》の素粒子——新しく登場した中性微子をもふくめた既知の粒子の中に、さがし求めることはやめよう。核力の場の性格を追及してゆけば、それにふさわしい新粒子の性質もきまるであろう。

私はこんな風に考え始めた。もう一息という所まで、きていたのである。しかし、昼間勉強している間には、なかなか面白い考えは浮んでこない。計算用紙に、書き散らした数式の森の中に、私のアイディアはかすんでしまうようであった。

ところが夜、寝床に入って横になると、様々なアイディアが浮んでくる。それは数式の羅列《られつ》に妨げられずに、自由に成長してゆく。その中に疲れて寝てしまう。

あくる朝になって、昨夜考えたことを思いかえして見ると、実につまらないことである。私の期待は夢魔のように、朝の光とともに消え去ってゆく。こんなことが、何度くりかえされたか知れない。

昭和九年九月二十一日のことである。朝から物すごい風である。私は例の通り、阪大へ出かけようと思って家を出た。しかし、あまりに激しい風である。いろいろなものが、木の葉のように風に飛ばされている。道ばたには、すでに倒れた樹木さえ横たわっている。これは危ないと思ったので、家へ引きかえした。

妻は二度目の出産を間近にひかえていた。風が一応おさまったころに、産婆《さんば》さんが心配して見舞にきた。

この台風——有名な室戸《むろと》台風——が過ぎ去って、急に涼しくなった。秋晴れの日がつづいた。二十九日になって、次男の高秋が産れた。長男はまだ一年六か月である。

私は、奥のせまい部屋で寝ていた。例によって、寝床の中で物を考えていた。大分、不眠症が昂《こう》じていた。いろいろな考えが次から次へと頭に浮ぶ。忘れてしまうといけないので、まくらもとにノートが置いてある。一つのアイディアを思いつくごとに、電灯をつけてノートに書きこむ。こんなことが、また何日かつづいた。

十月初めのある晩、私はふと思いあたった。核力は、非常に短い到達距離しか持っていない。それは、十兆分の二センチ程度である。このことは前からわかっていた。私の気づいたことは、この到達距離と、核力に付随する新粒子の質量とは、たがいに逆比例するだろうということである。こんなことに、私は今までどうして気がつかなかったのだろう。

あくる朝、さっそく、新粒子の質量を当って見ると、電子の二百倍程度になることがわかった。それは、プラスまたはマイナスの、電気を持っていなければならない。こんな粒子はもちろん、まだ全然見つかっていなかった。

「何故《なぜ》、見つからないのだろう」

私は自分に反問して見た。答は直《す》ぐ見つかった。この新粒子をつくるには、一億ボルトという高いエネルギーが必要である。当時まだ、そんな高エネルギーを発生する加速器はできていなかった。

私の自信は、だんだん強くなってきた。菊池研究室の談話会で、先ずこの考えに立脚した新理論を皆に話した。その時、菊池氏は言った。

「電気を持った粒子なら、ウィルソンの霧箱で捕えられるはずですね」

私は答えた。

「そうです。宇宙線の中にならそんな粒子が見つかってもいいですね」

それから間もなく、日本数学物理学会の大阪支部の例会で、十一月には東京本部の例会で、新理論を発表した。仁科先生は直ちに、この理論に興味を持ち、私を激励された。

十一月末までには、英文の論文を書き上げて、数学物理学会に送った。こんなに早く論文が出来上ったのは、妻が毎日のように、

「早く英語の論文を書いて、世界に発表して下さい」

と、勧《すす》めたからであった。

この時の私の気持は、坂路を上ってきた旅人が、峠《とうげ》の茶屋で重荷をおろして、一休

みする気持にたとえることもできよう。この時、私は前途にまだまだ山があるかどうかを、しばし考えずにいたのである。

おわりに

私の回想は、これで一応終る。それは私が生れてから、二十七歳数か月になるまでの間に起った、様々な出来事と、それに対するその時々の私自身の反応についての記録である。細かい点では、記憶のあやまりもあるかもしれない。私は近親や友人の話を、できるだけ多く聞くことによって、自分の記憶を補強し、あやまりを少なくすることにつとめたつもりであるが。——

これから先のことは、私はいま書く気持がない。いちずに勉強していた時代の私が、無性《むしょう》になつかしいからである。そして、これから先を書けば書くほど、勉強以外のことに時間をとられてゆく自分が、悲しくなってきそうだからである。

しかし最後に、是非《ぜひ》とも書いておかねば気のすまぬことが二つある。

一つは、私をして、思う存分、物理学の勉強をすることを可能ならしめた人たちに対する、感謝の気持である。この回想録に出てくる人々は、程度の差はどんなに大きくとも、皆そのような人たちである。話の都合で、この回想録に名の出てこなかった人々の中にも、私が感謝しなければならない人が、まだまだ数多くあるであろう。

もう一つ書いておきたいのは、この回想録が終ったころから以後、今日までの間に、私の研究に協力し、その発展に貢献してくれた人々のことである。その中でも、私が特に自分を好運であったと思うのは、昭和九年から十四年ごろまでの中間子論の初期において、すぐれた協力者を得たことである。昭和九年四月には、坂田昌一君がすでに東京の理化学研究所から、阪大に移ってきていた。そして私と同じ部屋で、研究上の苦楽を共にすることになった。それから二年ほどして、武谷三男君が私たちの部屋に出入して、活発に学問上の討論をするようになった。その次には小林稔君も、私たちの小さなグループに加わることになった。

私は孤独な人間である。そして我執《がしゅう》の強い人間である。私たち四人が数年間、非常に愉快に共同研究をつづけられたということは、今になって考えると、不思議なくらいである。

終りにつけくわえておきたいのは、私の回想が予想外に多数の、そして、はなはだバライエティーに富む読者を見出《みいだ》し得たことである。非常に数多くの知人や未知の人たちからの、過分の賛辞や、誤りを指摘する手紙が届いた。それらに対して、いちいち御返事できないので、この機会を利用して、御礼の言葉を述べたいと思う。

あとがき

「旅人」を朝日新聞に連載し始めてから、もう二年近くになる。朝日新聞社から単行本として出版してからも、一年以上たっている。今度角川文庫の一冊として出ることになったので、もう一度ていねいに読みかえして見た。細かい言葉づかいやいくつかの事件のごく小さな部分以外は、一切訂正しないことにした。よかれ、あしかれ、写真の原画ができてしまっているという感じがしたからである。新聞に書いている当時は苦行《くぎょう》であった。今となって見ると、あまり面白くもない一人の科学者の前半生を、記録として後まで残す機会をあたえられた朝日新聞社に対して感謝する気持の方が強くなっている。特に当時社員として協力を惜まれなかった沢野久雄氏に、この機会に感謝の意を表したいと思う。

昭和三十四年歳末

湯川　秀樹

旅人《たびびと》
ある物理学者《ぶつりがくしゃ》の回想《かいそう》
湯川秀樹《ゆかわひでき》

角川文庫 16666

昭和三十五年一月十五日 初版発行
平成二十三年一月二十五日 改版初版発行
平成二十三年五月三十日 改版再版発行

発行者—山下直久
発行所—株式会社角川学芸出版
東京都文京区本郷五—二十四—五
電話・編集（〇三）三八一七—八九二二
〒一一三—〇〇三三
発売元—株式会社角川グループパブリッシング
東京都千代田区富士見二—十三—三
電話・営業（〇三）三二三八—八五二一
〒一〇二—八一七七
http://www.kadokawa.co.jp
印刷所—暁印刷　製本所—本間製本
装幀者—杉浦康平

定価はカバーに明記してあります。

SP L-101-2　ISBN978-4-04-409430-0　C0195

角川文庫発刊に際して

角川源義

第二次世界大戦の敗北は、軍事力の敗北であった以上に、私たちの若い文化力の敗退であった。私たちの文化が戦争に対して如何に無力であり、単なるあだ花に過ぎなかったかを、私たちは身を以て体験し痛感した。西洋近代文化の摂取にとって、明治以後八十年の歳月は決して短かすぎたとは言えない。にもかかわらず、近代文化の伝統を確立し、自由な批判と柔軟な良識に富む文化層として自らを形成することに私たちは失敗して来た。そしてこれは、各層への文化の普及滲透を任務とする出版人の責任でもあった。

一九四五年以来、私たちは再び振出しに戻り、第一歩から踏み出すことを余儀なくされた。これは大きな不幸ではあるが、反面、これまでの混沌・未熟・歪曲の中にあった我が国の文化に秩序と確たる基礎を齎らすためには絶好の機会でもある。角川書店は、このような祖国の文化的危機にあたり、微力をも顧みず再建の礎石たるべき抱負と決意とをもって出発したが、ここに創立以来の念願を果すべく角川文庫を発刊する。これまで刊行されたあらゆる全集叢書文庫類の長所と短所とを検討し、古今東西の不朽の典籍を、良心的編集のもとに、廉価に、そして書架にふさわしい美本として、多くのひとびとに提供しようとする。しかし私たちは徒らに百科全書的な知識のジレッタントを作ることを目的とせず、あくまで祖国の文化に秩序と再建への道を示し、この文庫を角川書店の栄ある事業として、今後永久に継続発展せしめ、学芸と教養との殿堂として大成せんことを期したい。多くの読書子の愛情ある忠言と支持とによって、この希望と抱負とを完遂せしめられんことを願う。

一九四九年五月三日

角川ソフィア文庫ベストセラー

空気の発見
三宅泰雄

空はなぜ青いのか、空気中にアンモニアが含まれるのはなぜかなど、身近な疑問や思わぬ発見をやさしく解き明かす。科学を楽しくしてくれる名著。

数学物語
矢野健太郎

動物は数がわかるのか、人類の祖先はどのように数を理解していったのか。数学の誕生から発展の様子までを優しく説いた、楽しい数の入門書。

宇宙「96％の謎」
宇宙の誕生と驚異の未来像
佐藤勝彦

宇宙一三七億年の全貌とは？　極小の量子宇宙の誕生から謎の暗黒物質・暗黒エネルギーの正体まで、進化する宇宙が見えてくる最新宇宙論入門！

魂の旅　地球交響曲《ガイアシンフォニー》第三番
龍村仁

『地球交響曲第三番』撮影開始直前、出演予定者星野道夫の訃報が届く。星野の魂に導かれて撮影を続行した龍村監督が綴る大いなる命の繋がり。

地球《ガイア》のささやき
龍村仁

映画「地球交響曲」の監督が、さまざまな出会いの中で得た想い、生と死、心とからだなどを、しなやかに綴るエッセイ。解説＝野中ともよ

木田元の最終講義
反哲学としての哲学
木田元

ハイデガー哲学の核心は「反哲学の哲学」にある。現代日本を代表する哲学者が五〇年にわたる哲学三昧の日々と、その独創的ハイデガー解釈を語る。

ダライ・ラマ「死の謎」を説く
ダライ・ラマ

死をどう受け入れるかは、そのままどう生きるかに繋がる——。仏陀の精神の本質を解き明かし、人類愛に基づいた仏教のすばらしさを熱く語る。

角川ソフィア文庫ベストセラー

知っておきたい
日本の名字と家紋
武光　誠
約29万種類もある多様な名字。その発生と系譜、分布や、家紋の由来と種類など、ご先祖につながる名字と家紋のタテとヨコがわかる歴史雑学。

知っておきたい
日本のご利益
武光　誠
商売繁盛、学業成就、厄除け、縁結びなど、霊験あらたかな全国の神仏が大集合。意外な由来、祈願の仕方など、ご利益のすべてがわかるミニ百科。

知っておきたい
日本のしきたり
武光　誠
なぜ畳の縁を踏んではいけないのか。箸の使い方や上座と下座など、日常の決まりごとや作法として日本の文化となってきたしきたりを読み解く。

知っておきたい
世界七大宗教
武光　誠
キリスト教、イスラム教、仏教、ユダヤ教、道教、ヒンドゥー教、神道。世界七大宗教の歴史、タブーや世界観の共通点と違いがこの一冊でわかる！

知っておきたい
日本の県民性
武光　誠
すべての県民にはあてはまらないけれど、確かにある県民性。古代からの歴史や江戸時代の藩気質の影響など、そのナゾの正体がわかる納得の1冊。

知っておきたい
「食」の世界史
宮崎正勝
私たちの食卓は、世界各国からの食材と料理にあふれている。それらの意外な来歴、食文化とのかかわりなどから語る、「モノからの世界史」。

知っておきたい
「酒」の世界史
宮崎正勝
ウイスキーなどの蒸留酒は、9世紀イスラームの錬金術からはじまった？　世界をめぐるあらゆる酒の意外な来歴と文化がわかる、おもしろ世界史。

角川ソフィア文庫ベストセラー

知っておきたい
「味」の世界史
宮崎正勝

人の味覚が世界の歴史を変えてきた! 古代は砂糖の甘味、大航海時代にはスパイスやコーヒーなどの嗜好品、近代はうま味が世界史を動かした。

ビギナーズ・クラシックス 日本の古典
古事記
角川書店編

天地創造から推古天皇に至る、神々につながる天皇家の系譜と王権の起源を記した我が国最古の歴史書。神話や伝説・歌謡などももりだくさん。

ビギナーズ・クラシックス 日本の古典
万葉集
角川書店編

歌に生き恋に死んだ万葉の人々の、大地から沸き上がり満ちあふれるエネルギーともいえる歌の数数。二十巻、四千五百余首から約百四十首を厳選。

ビギナーズ・クラシックス 日本の古典
竹取物語(全)
角川書店編

月の国からやってきた世にも美しいかぐや姫は、求婚者五人に難題を課して次々と破滅に追いやり、帝までも退けた、実に冷酷な女性であった?!

ビギナーズ・クラシックス 日本の古典
古今和歌集
中島輝賢編

四季の移ろいに心をふるわせ、恋におののく平安の人々の想いを歌い上げた和歌の傑作。二十巻、千百余首から百人一首歌を含む約七十首を厳選。

ビギナーズ・クラシックス 日本の古典
伊勢物語
坂口由美子編

王朝の理想の男性(昔男=在原業平)の一生を、雅な和歌で彩り綴る短編連作歌物語の傑作。元服から人生の終焉に至るまでを恋物語を交えて描く。

ビギナーズ・クラシックス 日本の古典
土佐日記(全)
紀貫之
西山秀人編

天候不順に見舞われ海賊に怯える帰京までのつらい船旅と亡き娘への想い、土佐の人々の人情を、女性に仮託し、かな文字で綴った日記文学の傑作。

角川ソフィア文庫ベストセラー

うつほ物語
ビギナーズ・クラシックス　日本の古典

室城秀之　編

四代にわたる秘琴の伝授を主題とし、皇位継承をめぐる対立を絡めて語られる波瀾万丈の物語を、初めて分かりやすく説いた入門書。

蜻蛉日記
ビギナーズ・クラシックス　日本の古典

右大将道綱母
角川書店　編

美貌と歌才に恵まれながら、夫の愛を一心に受けられないことによる絶望。蜻蛉のような身の上を嘆きつつも書き続けた道綱母二十一年間の日記。

枕草子
ビギナーズ・クラシックス　日本の古典

清少納言
角川書店　編

中宮定子を取り巻く華やかな平安の宮廷生活を、清少納言の優れた感性と機知に富んだ言葉で綴る、王朝文学を代表する珠玉の随筆集。

和泉式部日記
ビギナーズ・クラシックス　日本の古典

和泉式部
川村裕子　編

王朝の一大スキャンダル、情熱の歌人和泉式部と冷泉帝皇子との十ヶ月におよぶ恋の物語。秀逸な歌とともに愛の苦悩を綴る王朝女流日記の傑作。

紫式部日記
ビギナーズ・クラシックス　日本の古典

紫式部
山本淳子　編

源氏物語の作者が実在の宮廷生活を活写。彰子中宮への鑽仰、同僚女房やライバルの評など、才女の目が利いている。源氏物語を知るためにも最適。

御堂関白記　藤原道長の日記
ビギナーズ・クラシックス　日本の古典

藤原道長
繁田信一　編

王朝時代の事実上の最高権力者で光源氏のモデルとされる道長は日記に何を書いていたか。道長の素顔を通して千年前の日々が時空を超えて甦る。

源氏物語
ビギナーズ・クラシックス　日本の古典

紫式部
角川書店　編

光源氏を主人公とした平安貴族の風俗や内面を描き、時代を超えて読み継がれる日本古典文学の傑作。世界初の長編ロマンが一冊で分かる本。

角川ソフィア文庫ベストセラー

ビギナーズ・クラシックス　日本の古典
堤中納言物語
坂口由美子　編

「虫めづる姫君」をはじめ、意外な結末をもつ短編を季節順に収録。ほとんど現存していない平安末期から鎌倉時代の短編を纏めて読める貴重な本。

ビギナーズ・クラシックス　日本の古典
更級日記
菅原孝標女
川村裕子　編

物語に憧れる少女もやがて大人になる。ついに思いこがれた生活を手にすることのなかった平凡な女性の、四十年間にわたる貴重な一生の記録。

ビギナーズ・クラシックス　日本の古典
今昔物語集
角川書店　編

インド・中国、日本各地を舞台に、上は神仏や帝、下は物乞いや盗賊に至るあらゆる階層の人々の、バラエティに富んだ平安末成立の説話大百科。

ビギナーズ・クラシックス　日本の古典
大鏡
武田友宏　編

道長の栄華に至る、文徳天皇から後一条天皇までの一七六年間にわたる藤原氏の王朝の興味深い歴史秘話を、古典初心者向けに精選して紹介する。

ビギナーズ・クラシックス　日本の古典
とりかへばや物語
鈴木裕子　編

内気でおしとやかな息子と活発で外向的な娘。父親は二人を男女の性を取り替えて成人式をあげさせた。すべては順調に進んでいるようだったが…。

ビギナーズ・クラシックス　日本の古典
梁塵秘抄
後白河院
植木朝子　編

平安後期の流行歌謡を集めた『梁塵秘抄』から面白い作品を選んで楽しむ。都会の流行、カマキリやイタチ、信仰から愛憎まで多様な世界が展開。

ビギナーズ・クラシックス　日本の古典
新古今和歌集
小林大輔　編

後鳥羽院が一大歌人集団を率い、心血を注いで選んだ二十巻約二千首から更に八十首を厳選。一首ずつ丁寧な解説で中世の美意識を現代に伝える。

角川ソフィア文庫ベストセラー

角川ソフィア文庫ベストセラー

ビギナーズ・クラシックス 日本の古典
おくのほそ道（全）
松尾芭蕉
角川書店編

旅に生きた俳聖芭蕉の五ヵ月にわたる奥州の旅日記。風雅の誠を求め、真の俳諧の道を実践し続けた魂の記録であり、俳句愛好者の聖典でもある。

ビギナーズ・クラシックス 日本の古典
良寛 旅と人生
松本市壽編

生きる喜びと悲しみを大らかに歌い上げた江戸末期の禅僧良寛。そのユニークな生涯をたどり和歌・漢詩を中心に特に親しまれてきた作品を紹介。

ビギナーズ・クラシックス 日本の古典
近松門左衛門『曾根崎心中』『けいせい反魂香』『国性爺合戦』ほか
井上勝志編

文豪近松門左衛門が生涯に残した浄瑠璃・歌舞伎約一五〇作から五作を取り上げ、その名場面を味わう。他『出世景清』『用明天王職人鑑』所収。

ビギナーズ・クラシックス 日本の古典
南総里見八犬伝
曲亭馬琴
石川博編

不思議な玉と痣を持って生まれた八人の男たちが繰り広げる勧善懲悪の物語。八犬士が出会うまでの前半と母の国を守るために戦う後半からなる。

ビギナーズ・クラシックス 中国の古典
史記
福島正

「鴻門の会」「四面楚歌」で有名な項羽と劉邦の戦い、春秋時代末期に起きた呉越の抗争など、教科書でおなじみの名場面で紀元前中国の歴史を知る。

ビギナーズ・クラシックス 中国の古典
蒙求
今鷹眞

江戸から明治にかけて多く読まれた歴史故実書。「蛍の光、窓の雪」の歌や、夏目漱石の筆名の由来になった故事など、馴染みのある話が楽しめる。

ビギナーズ・クラシックス 中国の古典
白楽天
下定雅弘

平安朝以来、日本文化に多大な影響を及ぼした、唐代の詩人・白楽天の代表作を精選。紫式部や清少納言も暗唱した詩世界の魅力に迫る入門書。